Geheimtips für Genießer
Ligurien – Olivenhaine im Schatten der Castellari

Geheimtips für Genießer

LIGURIEN

Olivenhaine im Schatten der Castellari

Aus dem Italienischen
von Helga Pirner-Pareschi

edition spangenberg bei Droemer Knaur

Die Deutsche Bibliothek – CIP-Einheitsaufnahme

Ligurien : Olivenhaine im Schatten der Castellari / [Slow Food]
Aus dem Ital. von Helga Pirner-Pareschi. [Text: Diego Soracco. Red.: Paola Gho ...
Fotos: Marcello Marengo ...]. – München : Ed. Spangenberg bei Droemer Knaur, 1996
(Geheimtips für Geniesser)
Einheitssacht.: Il Ponente Ligure <dt.>
ISBN 3-426-26849-3
NE: Soracco, Diego; Pirner-Pareschi, Helga [Übers.]; Marengo, Marcello; Arcigola Slow Food; EST

Koordination: Giovanni Ruffa, Mavi Negro
Text: Diego Soracco
Redaktion: Paola Gho, Maria Mancuso, Mavi Negro
Zeichnungen und Karten: Gabriele Klann
Gestaltung: Gabriele Klann
Fotos: Marcello Marengo, Roberto Maremmani, Diego Soracco

Übersetzung: Helga Pirner-Pareschi; Überarbeitung von Susanne Bunzel
Die Originalausgabe ist unter dem Titel »Il Ponente Ligure. Magie di boschi e di streghe« in Italien bei Arcigola Slow Food Editore, Bra (Cn) erschienen.

Umschlaggestaltung: Vision Creativ Design, München
Umschlagfoto: Bavaria, Gauting · Tony Stone
Satz: OK Satz GmbH, Unterschleißheim
Druck und Bindung: Clausen und Bosse, Leck
Printed in Germany

ISBN 3-426-26849-3
5 4 3 2 1

Inhalt

Benutzerhinweise

TIPS & INFOS
Ausführliche Informationen finden Sie ab Seite 98

In Kurzform nützliche Hinweise und empfehlenswerter Adressen (Hotels, Restaurants, Osterie, Weinkellereien, Bars, Cafés, Läden, Werkstätten)

Essen und Trinken

Trattoria Roma	Restaurant mit guter Küche
Trattoria Roma★	Restaurant mit bemerkenswert guter Küche
Trattoria Roma★★	Restaurant mit ausgezeichneter Küche, nicht versäumen

Restaurant, das uns besonders gut gefällt aufgrund seines gemütlichen Ambientes, der traditionellen Küche und der unverfälschten Gastfreundschaft

Die Karten

Voraussichtliche Dauer der Ausflüge

1 TAG mit dem Auto

2 STD. zu Fuß

Wanderung

Abstecher

Weinberg

Olivenhain

Weinhandlung

Weinkellerei

Restaurant, Osteria

Hotel

Aussichtspunkt

historisches Gebäude

sakrales Gebäude

Gute Gründe für einen Besuch

Entdeckung des stillen Ligurien

Es sind gemischte Gefühle, die die Bewohner Westliguriens gegenüber ihrer Heimat hegen; der Bauer geht darüber hinweg, daß er auf einem halbmondförmigen Stück Erde lebt, das das Meer umschließt, und betrachtet die Küstenbewohner als »Fremde«, Ausländer, Andersartige. »Gente de marina daghe a man e siraghe a schina« (Gib Seeleuten die Hand und wende ihnen den Rücken zu), sagt man im Hinterland mit respektvollem Mißtrauen und kaum verhohlener Überheblichkeit; Meer und Gebirge sind zwei Welten, die sich noch nicht getroffen haben und die seit jeher streng getrennt nebeneinander existieren. Eine Medaille mit zwei Seiten, und meist ist es die auffallendere Seite, die Beachtung findet: die Strände, die bunten und lauten Touristen, wobei die Bauspekulation und die Umweltverschmutzung verschwiegen werden. Wir laden dazu ein, dem Meer den Rücken zu kehren und in kurzer Entfernung von der Küste ein stilles, aber lebendiges Ligurien zu besuchen, eine grüne Welt (neu) zu entdecken, die kleine Schätze verbirgt, die es zu bewahren gilt. Unberührte Täler mit einer abwechslungsreichen Vegetation vermitteln mediterrane Üppigkeit und alpine Kargheit; auf den Gebirgskämmen genießen wir die wilde Landschaft, während an den Ortschaften, die auf Felsvorsprüngen oder an Wildbächen liegen, die Zeit nicht spurlos vorübergegangen ist. Wir befinden uns in einem zerklüfteten und steinigen Gebiet, das über mehrere Generationen hinweg durch harte Arbeit an den riesigen, kilometerlangen Terrassen urbar gemacht wurde. Durch diese Urbarmachung konnte eine Landwirtschaftform betrieben werden, die für den Olivenanbau geradezu ideal ist. Alte Ölmühlen, spröde und verschlafene Brücken, kunstvolle Portale, helle und dunkle Winkel – Zeugnisse mittelalterlichen Städtebaus –, zusammen mit Gebäuden im überschwenglichen barocken Stil, im strengen romanischen Stil oder mit den Linien der Gotik lassen die Zeit zu einem unbedeutenden Faktor werden. Die gastronomische Seite nimmt das Thema der »komplexen Leichtigkeit«

auf, die sich in der Kunst und Architektur sowie in der Landschaft, dem Hinterland des westlichen Ligurien, wiederfindet. Duft und Geschmack sind Ausdruck der natürlichen Vegetation, die gleichzeitig Grundlage und Leitfaden ist. Öl und aromatische Kräuter herrschen vor, der Gemüsegarten wird zum Königreich: Ein Beweis dafür ist der Pesto. Bei einer oberflächlichen Betrachtung würde man sagen, daß die Küche eher monoton erscheint. Wenn man genauer hinsieht, kann man aber feststellen, daß die traditionelle Küche mit Intelligenz und Phantasie die landwirtschaftlichen Erzeugnisse verfeinert. Die Grundlagen sind hervorragend, aber die Ausführung ist häufig fehlerhaft: Die Restaurants sind im Durchschnitt eher langweilig, wiederholen sich oder, noch schlimmer, sie improvisieren ohne kulturellen Hintergrund und Anleitung. Das Ergebnis sind Dutzende von beliebig austauschbaren Lokalen, in denen die Küche nur zu einer traurigen, kommerziellen Angelegenheit verkommt; die Leckerbissen, die eine wohlriechende und delikate Küche kennzeichnen, werden, nachdem die Pizzerias schon die Küste kolonialisiert haben, auch im Hinterland immer mehr verdrängt. Zum Glück widerstehen einige der Versuchung, und ganz langsam scheint sich auch etwas zu verändern, selbst wenn hier wie anderswo kulturell mangelhaft ausgebildete Vertreter der Reisebranche sowie der eher unkritische Verzehr durch einen guten Teil der Gäste sicher nicht zur Wahrung des kulinarischen Erbes beigetragen haben.

Ein Leitfaden

Ein blumiger Regenbogen

Die Natur besitzt im westlichen Ligurien starken Charakter, zerklüftet und doch verführerisch, farbenfroh durch das intensive Grün der Pinien, das leuchtende Grün der Kastanienbäume, den silbrigen Schimmer der Olivenhaine, die dunkle mediterrane Macchia, die einen Kontrast zu den verschiedenen Blautönen des Meeres und dem hellblauen Horizont bildet.

Eine komplexe Landschaft mit einem schmalen Küstenstreifen, der durch ein mildes Klima begünstigt wird. Geschützt vor den Nordwinden, die von den Alpen kommen, können im milden Mittelmeerklima Orangen- und Zitronenbäume, die unterschiedlichsten Blumen und Kräuter am Strand, auf den Klippen und in den Felsspalten leben, wie die gelbe und intensiv duftende Sonnengoldblume, Aloebäume, Kaktusfeigen, Euphorbien, Eukalyptusbäume, Agaven und Palmen, um nur einige der exotischen Pflanzen zu nennen, die die Gärten schmücken. Entlang der Gebirgskämme, in der Nähe des Meeres wachsen häufig die Strandkiefer, die Steineiche sowie Macchia (Ginster, Mimosen, Erika kommen am meisten vor).

Der Mensch hat im Laufe der Jahrhunderte in diesem Gebiet die ursprüngliche Vegetation hauptsächlich durch Olivenbäume, Rebstöcke und Schnittblumen ersetzt. In größeren Höhen, auf den Bergen, kommen überwiegend Kastanienwälder und Mischwälder vor.

Wenn man noch weiter aufsteigt, zwischen 700 und 1800 Metern, blickt man auf die Gipfel des Bignone, des Ceppo, des Torraggio, des Pietravecchia und des Saccarello. Im Norden sieht man die weißen Gipfel der ligurischen Alpen, von denen aus man eine wunderschöne Aussicht auf das Mittelmeer hat. Zur Mittagszeit ist der Anblick des glitzernden Meeres inmitten der Gebirgskämme von unvergleichlicher und faszinierender Schönheit.

Sehen und verstehen

Eine versteinerte Landschaft

Der Stein, die Steine, schweigende Hauptfiguren bei einer Reise durch das westliche Ligurien, in das man sich nach und nach, wie in einen spannenden Roman vertiefen sollte.

Die Höhlen und Buchten entlang der Küste, die sich in den Kalkfelsen des Vorgebirges Mortola öffnen und den Komplex der Balzi Rossi bilden, befinden sich in der Nähe der italienisch-französischen Grenze und gehören zu den berühmtesten und wichtigsten prähistorischen Beweisstücken für das mittlere und späte Paläolithikum.

Die Hand des Künstlers hat die felsigen Wände der Grotte bearbeitet. Für eine Reihe rätselhafter gerader Linien gibt es bisher noch keine überzeugende Erklärung, während das Wildpferd (Grotta del Caviglione) sicher ein Symbol für den Sieg über die Tiere durch die Jagd ist und als Einleitung zur Geschichte verstanden werden kann.

In der Grotta della Barma Grande wurden die sogenannten »Veneri« freigelegt. Es handelt sich dabei um kleine weibliche Akte aus Steatit, die Überfluß und Fruchtbarkeit symbolisieren sollen.

Die Steine erzählen auch von den »Castellari« aus der vorrömischen Zeit, die auf den Hügeln und Bergen, welche bereits eine natürliche Verteidigung darstellten, mit rohen, aber wirksamen, trocken errichteten Mauergürteln die Dörfer, Felder und Weiden schützten. Einige waren richtige Festungen und befanden sich in strategisch wichtigen Positionen auf den Gebirgskämmen der Wasserscheide (Ciaxe, Coma d'Aurin, Monte Caggio, Monte Bignone, Cima Tramotina) und trugen dazu bei, die Unabhängigkeit der stolzen, unerschrockenen Ligurer, die von mehreren Seiten gefährdet war, über lange Zeit aufrechtzuerhalten.

Die Römer siedelten in erster Linie am Küstenstreifen. Der Grund dafür waren

Der Sentiero degli Alpini auf den Monte Pietravecchia.

Steindörfer im westlichen Ligurien: Das Tor von Santa Lucia Sottana in Taggia.

die natürlichen Häfen und Handelswege in die Provence.

Die Stämme des westlichen Ligurien, die mittlerweile besiegt waren, mußten allmählich in die neuen Städte ziehen. Albintimilium (das heutige Ventimiglia, für Ligurien von größtem archäologischen Interesse) erreichte man von Gallien aus über die Via dei Sepolcri. Imposant war in der Kaiserzeit besonders das Theater (das man immer noch besichtigen kann). Es wurde aus Turbia–Steinblöcken erbaut. Gegenüber kann man von einem Graben aus, der um das heutige Krankenhaus verläuft, einen Blick auf ein Mosaik werfen, das zu den Thermen gehört.

Die senkrecht zu der Küste verlaufenden Täler, das Hinterland, gewinnen im Mittelalter an Bedeutung. Auf Felsvorsprüngen entstehen kleine Ortschaften. Die Häuser stehen dicht beieinander und schmiegen sich an Schlösser und Herrschaftstürme. Ihre Türen sind klein und verrammelt. Dies sind Zeichen für die Angst vor Angriffen und Plünderungen durch Sarazenen und Barbaren. Aber die Steine erzählen auch von den verschiedenen Herrschern, den Clavesanas, den Dorias, den Lascaris, den Grafen von Ventimiglia und den Herzögen von Savoyen. Sie erzählen von mühseligen Autonomiekämpfen der Gemeinden und von Aufständen gegen Genua.

Sie erinnern an das hart erkämpfte Überleben der Armen (»adsuetum malo Ligurem«, schrieb Vergil, der Ligurer kennt Anstrengung und Armut), die der unwirtlichen Bergwelt Ackerland abgerungen haben.

Die Steine sind Grundmaterial für die kreativen, technischen und künstlerischen Tätigkeiten, die in oft einfachen, ländlichen Konstruktionen ihren Ausdruck finden. Zu diesen Konstruktionen gehören gewagte römische und mittelalterliche Brückenbauten mit harmonischen Rundbögen und soliden Pfeilern, feierliche religiöse Architektur, elegante romanische Kirchtürme, Befestigungssysteme (Stadtmauern, Türme, Burgen), aber auch ganz einfach Dachabdeckungen (sogenannte Ciappe oder Schieferplatten), Bodenbeläge, Wandverkleidungen, Bestandteile von Mühlsteinen in Ölmühlen sowie in

Toren, Pfosten, im Basrelief und in Treppenstufen. Überall dort, wo der Schiefer gebraucht wird.

Man darf dabei nicht vergessen, daß die Ciappe aus Stein in Ligurien auch eine wichtige gastronomische Funktion haben und hatten. Man bringt sie schnell zum Glühen (man benötigt dafür weniger Zeit als für eine Holzkohlenglut) und kann die Speisen bei gleichmäßiger Wärme optimal garen.

Die Routen

Unsere Reise beginnt an der italienisch-französischen Grenze: San Ludovico ist der alte Grenzposten. Die Grotten von Balzi Rossi versetzen uns gleichsam in die Prähistorie, während sich vor unseren Augen die Küste befindet: die Bucht von Menton, Cap Martin, Monte Carlo. Geschichte atmen wir auch, wenn wir durch Ventimiglia wandern. Ab dort verlassen wir das Meer und kommen zum steinigen Ligurien, dem Hinterland, mit seinen alten Ortschaften voller Faszination und Geschichte: Camporosso, Dolceacqua, Pigna, Castel Vittorio, Apricale... Das Landschaftsbild ist geprägt von Macchia, wenigen Ackerflächen und alpin anmutenden Matten. Danach verlassen wir diese Gegend und fahren nach Bordighera, einer Stadt mit Palmen und Gärten.

Nach dem Besuch von Sanremo, einer Stadt, die außer dem Festival und dem Casino auch noch viele Winkel voller Blumen hat, biegen wir ab ins Argentinatal. Die Landschaft wird beherrscht durch Olivenbäume. Diese Pflanze hat das Gebiet in den letzten Jahrhunderten entscheidend geprägt. Sie hatte auch einen großen Einfluß auf die erdverbundene Küche, die durch Gewürzkräuter angereichert wird. Nach Taggia und Badalucco erreichen wir Triora, die Heimat der »Bàggiure« und danach Montaldo, Carpasio, Conio, Borgomaro, Aurigo, Lucinasco, Dolcedo inmitten von dunklen »Caruggi« und alten Ölmühlen. Schließlich führt uns die Route nach Oneglia und Porto Maurizio, wo wir wieder auf das Meer, die Villen und die prächtigen Palazzi treffen.

Unsere dritte Route durch das westliche Ligurien ist gleichzeitig die kürzeste Strecke, die aber ebenfalls von landschaftlichem, städtebaulichem und kulinarischem Interesse ist. Auf dem Weg von Diano Castello nach Cervo lernen wir kleine Orte kennen, die häufig noch eine völlig intakte mittelalterliche Struktur aufweisen. Die Geschichte erzählt von zähen und stolzen Menschen, und das Auge entdeckt unsagbar schöne Landschaften.

Von der Prähistorie zum Meer:
Von Ponte San Ludovico nach Bordighera über Balzi Rossi, Mortola, Ventimiglia, Camporosso, Dolceacqua, Isolabona, Pigna, Castel Vittorio, Apricale, Perinaldo und Soldano

Im Herzen des westlichen Ligurien:
Von Sanremo nach Porto Maurizio über Arma di Taggia, Taggia, Badalucco, Molini di Triora, Triora, Montalto, Carpasio, Colle d'Oggia, Ville San Pietro, Conio, Borgomaro, Aurigo, Lucinasco, Pontedassio, Oneglia, Montegrazie und Dolcedo

In Küstennähe:
Von Oneglia nach Cervo über Diano Castello, Diano Marina, San Bartolomeo al Mare, Riva Faraldi, Deglio, Villa Faraldi und Tovo

Ausgangsort:
SAN LUDOVICO

Zielort:
BORDIGHERA

Länge:
88 KM

Voraussichtliche Dauer des Ausflugs:

48 STD.

Von Ponte San Ludovico nach Bordighera

über Balzi Rossi, Mortola, Ventimiglia, Camporosso, Dolceacqua, Isolabona, Pigna, Castel Vittorio, Apricale, Perinaldo, Soldano

Abstecher nach:

BAIARDO

Wanderung:

ROCCHETTA NERVINA UND PIGNA

Von der Prähistorie zum Meer

Caruggi, Rossese, Palmen

In **Ponte San Ludovico**, einem lebhaften, etwas chaotischen Ort, sind nach der Öffnung der Grenzen zwei Wachposten übriggeblieben. Auf der anderen Seite erblickt man die Bucht von Menton mit der Altstadt, dem Hafen, das bewaldete Cap Martin und im Hintergrund Monaco und Monte Carlo.
Man braucht sich nur umzusehen und ein paar hundert Meter zu laufen, und schon trifft man auf die Prähistorie. Die Wand der **Balzi Rossi**, die ihren Namen von den roten Felsen erhalten hat, erzählt viel über unsere Vergangenheit. Sie blieb über Jahrtausende hinweg unversehrt; die Menschen haben aber, wie es leider so oft geschieht, diese Wand stark verändert: Die Eisenbahnlinie teilt das Gebiet in zwei Hälften, und Bauwerke von zweifelhaftem Geschmack beleidigen ihre Schönheit. Die Zivilisation, die Einwohner Liguriens in der Altsteinzeit und ihr Ambiente können durch ein aufmerksames Studium der Grotten, die sich unterhalb der Balzi Rossi befinden, erfaßt werden. Das dazugehörige Museum, das zwei kleine Gebäude belegt, ist seit kurzem wieder geöffnet. Die Räume wurden vergrößert, und es können zwei neue Grotten besichtigt werden (Florestano und Caviglione). In der kalten Jahreszeit gelangt der Tourist mit Sinn für Romantik über eine kleine Straße, die am Meer entlang verläuft, einige hundert Meter nach dem Bunker zum sogenannten »Eierstrand« (der seinen Namen aufgrund der Steinformationen erhielt). Um die Grotten und den herrlich menschenleeren Strand zu erreichen, kommt man auto-

Küstenabschnitt zwischen Bordighera und Cap Martin.

Die Grotten des Homo sapiens

Die Grotten heißen Balzi Rossi oder Grimaldi. Die Bezugnahme auf das Fürstentum von Monaco ist damit offensichtlich; war es doch Florestan I., der 1846 mit den Ausgrabungen begann. Sie dauerten elf Jahre, und die Grotte trägt jetzt seinen Namen. In den folgenden Jahren wurden die Caviglione-Grotte, die Fanciulli-Grotte und die Fürstengrotte erforscht. Viele der Funde gingen jedoch verloren. Einige gingen an das Stadtmuseum von Menton und in das anthropologische prähistorische Museum von Monaco.

Der Fund des Hüftknochens einer Frau, die wahrscheinlich zur Spezies Homo sapiens gehörte, war von großer Bedeutung. Es handelt sich dabei um die ältesten Menschen, die in Westeuropa gelebt haben. Sehr schön sind die anthropomorphen Statuen, »die Venusstatuen«, die mit ihren nackten Kurven die Fruchtbarkeit darstellen und als Modell für den Geschmack unserer prähistorischen Vorfahren gelten könnten: füllige Körper und üppige Rundungen. Von den Schminkresten, gelber und roter Ocker in kleinen Schüsseln, die bis heute erhalten sind, wissen wir, daß es seit ewigen Zeiten üblich ist, sich durch die Verwendung von Schminke für Lippen und Gesicht schöner und begehrenswerter zu machen. Ebenfalls üblich war es, sich mit Ketten (aus Muscheln oder Knochen) und Halsbändern zu schmücken. Unzählige Gegenstände wie Steinwaffen, Glättwerkzeuge, Schabwerkzeuge, Werkzeug aus Quarzit, Stein und Knochen, Pflanzenreste, Hausrat und verschiedene Gräber haben geholfen, Licht in das Dunkel der Urzeit zu bringen. Bei Barma Grande wurden sechs Gräber gefunden; eines davon enthielt drei Skelette: eine Frau, einen Mann und einen Jugendlichen, die auf der linken Seite mit gebeugten Knien auf rotem Ocker lagen, der Farbe des Blutes, das der Gottheit heilig ist. Sie gehören zur Cromagnonrasse (benannt nach der französischen Stadt, in der die ersten Funde stattfanden), einem Typ, der in der Entwicklung etwas weiter war als der Neandertaler und sich von diesem vor allem durch seine Größe unterschied. Er war über einen Meter achtzig groß, hatte einen voluminösen Schädel, ein flaches und breites Gesicht, hervorgehobene Augenbrauen und eine schmale Nase. Die drei sind Gäste des Museums. Die menschlichen Überreste einer alten Frau und eines jungen Mannes negroider Herkunft wurden in einem anderen Museum untergebracht. Schließlich sind noch die tiefen Eingravierungen an den Höhlenwänden zu erwähnen. Die kindlich-mysteriösen Spuren sind halb Gebet, halb beschwörend-versöhnliches Ritual, mit dem unsere Ahnen bessere Ergebnisse bei der Jagd und im Umgang mit den Göttern erreichen wollten.

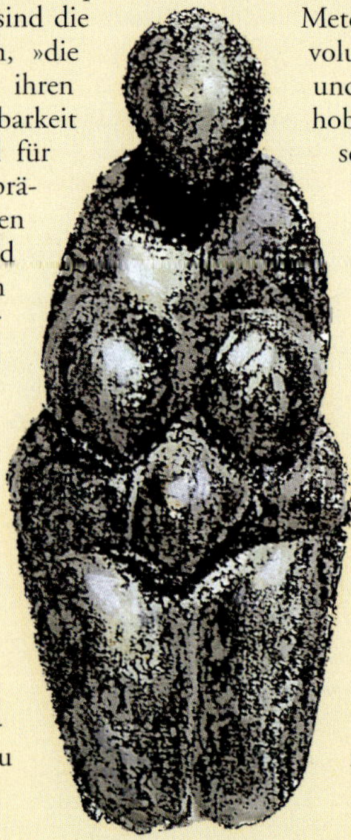

matisch am bekanntesten Restaurant Liguriens vorbei, das den gleichen Namen trägt. Signora Beglia wird Sie mit ihren Speisen gewiß nicht enttäuschen.
Man sollte sich also überlegen, hier einen kleinen gastronomischen Aufenthalt vor der Weiterreise nach Ventimiglia einzuplanen. Etwas weiter östlich ist das Feinschmeckerlokal von Carlo Brunelli und Oscar Fassiroli zu empfehlen; es liegt wunderbar ruhig in der Baia Beniamin.
An der Einmündung zur Via Aurelia, in der Nähe von Latte, geht es links nach Ponte San Luigi. Nach ungefähr einem Kilometer erreicht man **Mortola**. Kurz vor dem Hotel Eden befindet sich der Eingang zur Villa Hanbury, die vor allem wegen ihres herrlichen botanischen Gartens, der weltweit zu den bedeutendsten seiner Art zählt, einen Besuch lohnt. Seit 1867 hat Sir Thomas Hanbury 5000 verschiedene Pflanzen aus aller Welt gesammelt.
Das gemäßigte und beständige Klima der westlichen Riviera ließ Pflanzensorten mit unterschiedlichen Bedürfnissen zum Blühen kommen. Der Garten ist 18 Hektar groß, wovon die Hälfte mediterrane Macchia und Aleppokiefern einnehmen. Im restlichen Teil wächst exotische Flora, die den Garten mit ihrem Duft und ihrer Formen- und Farbenpracht in ein Paradies verwandelt.
Wenn wir weiter eine Palmenallee Richtung Hinterland hinauffahren, erreichen wir die Kreuzung zur **Mortola Superiore**. Eine asphaltierte Straße führt uns zum Friedhof, der teilweise durch einen Felsen geschützt ist. Der Friedhof ist nicht größer als ein kleiner Platz, der der weißen Erde abgerungen wurde. Er bietet ein herrliches Panorama, das bei Westwind einen Blick bis Hyères freigibt. Die Straße, die mitunter im luftleeren Raum zu schweben scheint, endet am Platz der Wallfahrtskirche della Madonna dell'Aria Aperta.
Zurück: Wir fahren zurück über **Latte** bis **Ventimiglia**, nehmen aber vor dem Tunnel mit der häßlichen Computeranzeige die alte Landstraße, die rechts abbiegt. Das Tor zur Blumenriviera hat seinen Glanz verloren. Die Trägheit, der Schlendrian und die Nachlässigkeit der häufig stumpfsinnigen Verwaltungen hat dazu geführt,

Ein Blick auf Ventimiglia Alta: ein typischer »Caruggio« und ein Gebäude mit architektonischen Elementen aus dem Mittelalter.

Ein englischer Garten

Die Engländer »entdeckten« die westliche Riviera mit ihren Ecken von unerwarteter und unberührter Schönheit Mitte des 19. Jahrhunderts, als einige elitäre englische Touristen, die sich im Winter an der nahen Côte d'Azur aufhielten, zur italienischen Seite fuhren und sich in den Abschnitt zwischen Bordighera und Ospedaletti verliebten. Bereits früher wurde Sanremo von einer berühmten Persönlichkeit, der Zarin Maria Alexandrovna als Ort auserkoren, an dem sie ihren Erholungsurlaub verbrachte.

Thomas Hanbury kam als reicher Mann nach Ligurien. Jahrelange, einträgliche Arbeit im Fernen Osten hatte seinen persönlichen Reichtum begründet. Er verliebte sich sofort in das alte Gebäude am Hang zwischen dem Meer und der Via Aurelia und kaufte es 1867. Nach und nach erwarb er auch den umliegenden Grund dazu. Zusammen mit seinem Bruder Daniel und mit Hilfe der Arbeit verschiedener französischer, englischer, deutscher und italienischer Gärtner und Botaniker nahm dieser außergewöhnliche und originelle Garten Form an. Sein Sohn Cecil und seine Frau Dorothy führten dann die Arbeit weiter. Der Garten ist zugleich ein botanisches Kunstwerk und ein Denkmal. Das alte Haus verwandelte sich in einen wunderschönen Palast mit Gästehaus (die Dépendance des Gebäudes), der in Erinnerung an den Orient den Namen Casa Nirvana erhielt (die jetzige Villa Hanbury).

»U giardin de l'ingrese«, wie er von den Einheimischen genannt wird, besitzt wunderschöne Ecken mit teilweise überraschenden Ornamenten. Im Mittelpunkt des Platzes auf der Nordseite der Villa stand die Reiherwanne, eine Bronzeskulptur, die leider 1990 entwendet wurde und nun durch Pflanztröge ersetzt ist. Der Haupteingang wird von einem Mosaik,

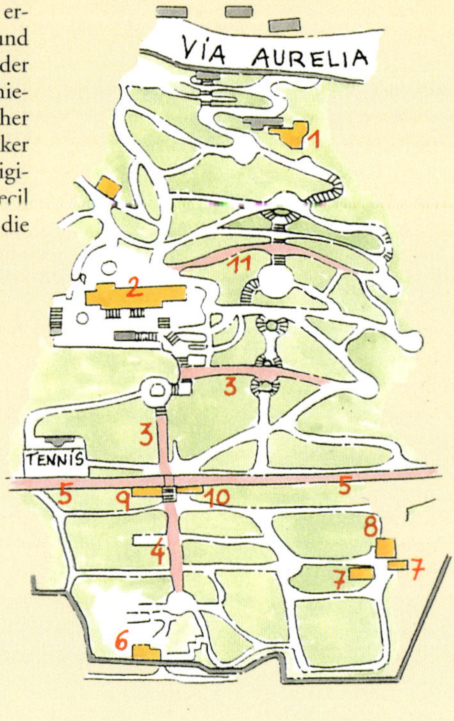

1 Die alte Casa Nirvana, das Gästehaus der Villa
2 Villa Hanbury
3 Zypressenweg
4 Olivenweg
5 Die alte römische Straße
6 Bar und Restaurant, das frühere Waschhaus
7 Heuschober, Taubenschlag, Ställe
8 Casa Natalino mit Herbarium
9 Gärtnerhaus
10 Schreinerei und Keller
11 Die Pergola (topia)

Der Garten der Villa Hanbury enthält Tausende von verschiedenen Pflanzen aus aller Welt, die Sir Thomas während seiner Tätigkeit im Fernen Osten gesammelt hat. Ein faszinierender Besuch.

das Marco Polo darstellt, bewacht. Im Süden befindet sich der eindrucksvolle, überdachte Portico und darüber die große, von Vernazza mit Fresken verzierte Loggia, die den Durchzug Karls V. von Porta Canarda wiedergibt.

In der Nähe des herrschaftlichen Eingangs befindet sich die japanische Glocke, die den Beginn und das Ende der Arbeit der Angestellten einläutete.

Zum berühmten chinesischen Drachenbrunnen gehört ein Becken mit Papyrus und eine sehr schöne Statue, die eine Sklavin mit gebundenen Händen darstellt (einige glauben, eine Venus zu erkennen). Der Brunnen steht geschützt in einer Grotte. Der Marmorbrunnen mit der wasserspritzenden Meeresschlange befindet sich auf einem runden Platz, der von Zypressen eingesäumt wird. Das Satyrbecken liegt über dem Tennisplatz in dem Bereich, der für die Zuschauer reserviert ist. Der venezianische Brunnen und ein ungewöhnliches Denkmal, bestehend aus einer Ölmühle mit einem Steinbecken und einem Holzzahnrad, liegen am Ende des Olivenwegs. Man kann Opuntien, Agaven, Palmlilien, Palmen, Eukalyptusbäume, Passionsblumen, Araukarien, Zwergahornbäume, Kakteen und Zitrusfrüchte, kurz unzählige Pflanzen aller Art in einem einzigen Park bewundern. Der Garten wurde über dreißig Jahre hinweg gestaltet, bis er mit seinen Treppen, Rondellen, Aussichtspunkten, Pergolen seine heutige Form erhielt. Diebstähle, Vandalismus, der Durchzug und die Besetzung durch Militärs sowie Bombenangriffe haben die Gebäude und den Garten schwer beschädigt. Der Wiederaufbau dauert immer noch an. Der Erfolg ist in erster Linie der früheren Leitung durch das Istituto Internazionale di Studi Liguri zu verdanken.

Beim Verlassen des Gartens blickt man auf ein chinesisches Schriftzeichen, das Glück und langes Leben bedeutet. Diesen Wunsch wollen wir auf das Werk der unvergeßlichen Hanburys übertragen.

In kurzer Entfernung, bei der Hausnummer 49, beginnt die »Passeggiata del marinaio«. Es handelt sich um einen Weg über die Klippen, der außen am Garten vorbeiführt und über den man zur Punta della Mortola gelangt.

TIPS & INFOS
Ausführliche Informationen finden Sie auf Seite 123ff.

VENTIMIGLIA

42 km von Imperia
Einwohner: 27 500
Höhe: 9 m u.d.M.
Postleitzahl: 18039
Vorwahl: 0184

Informationen

Azienda di Promozione Turistica
Via Cavour 61
Tel. 35 11 83

Ufficio Turistico di Frontiera
Ponte San Ludovico
Tel. 3 80 21
Ponte San Luigi
Tel. 3 80 51

Museen

Botanischer Garten Hanbury
Ortsteil Mortola
Öffnungszeiten: im Sommer 9–18, im Winter 10–16 Uhr
Mittwochs geschlossen

Archäologisches Museum
Via Verdi, Forte dell'Annunziata
Öffnungszeiten: 10–12/ 15–17 Uhr
Montags geschlossen

Museo naturale dei Balzi Rossi
Öffnungszeiten: im Sommer 9–13/14–19.30, im Winter 9–13/14.30–18 Uhr
Letzter Rundgang durch die Grotten: morgens um 12 Uhr, nachmittags um 16 Uhr (im Winter), um 18 Uhr (im Sommer).
Montags geschlossen

daß Stadt und Land in den letzten Zügen liegen. Es tröstet aber, daß es trotz allem immer noch einige schöne Dinge gibt, die über die Jahrhunderte hinweg die Geschichte überdauert haben und wovon man erzählen kann: die Porta Canarda, Ortsteil Ville, auf der gerade eingeschlagenen Strecke. Sie entstand aus dem Inneren eines viereckigen Turmes und besitzt eine Flügeltür mit gotischem Bogen; an der Wand befindet sich ein Basrelief aus dem Jahre 1514, das das Wappen des Banco di San Giorgio darstellt, der allmächtigen Schattenregierung der Republik von Genua und mit der Verwaltung der westligurischen Stadt beauftragten Institution. Milizen aus Genua kontrollierten und verteidigten die Grenzen gegenüber den Franzosen und Savoyern, indem sie die antike Straße nach Gallien besetzten und die Bewegungen am Meer überwachten. Der Bau aus dem 13. Jahrhundert trägt eine Marmortafel, auf der alle

Innenansicht der romanischen Kathedrale Vergine Assunta.

berühmten Persönlichkeiten eingetragen sind, die hier vorbeikamen: so Dante, Karl V. und Napoleon.
Bei der Reise zurück in die Geschichte ist ein kurzer Halt im archäologischen Museum Romano G. Rossi in Forte dell'Annunziata empfehlenswert. Das jahrhundertealte ehemalige Kloster liegt hoch über dem Meer. Eine große Terrasse gibt den Blick frei auf ein herrliches Panorama. Wir parken auf einem Platz in der Nähe und gehen anschließend zu Fuß in das Labyrinth der Altstadt. Ein Besuch lohnt sich trotz des schlechten Zustands. Man trifft auf Mauern aus dem 16. Jahrhundert, die sich durch ein bogenförmiges Gewölbe öffnen. Die

Höhe entspricht der Porta Nizza mit dem ursprünglichen Eisentor. Im Verteidigungsgürtel der Mauern stehen noch die Porta Nuova (oder Porta della Colla) im Westen und die Porta Piemonte (oder Porta San Michele wegen der Nähe zur gleichnamigen Kirche), die der einzige Ausgang nach Norden war.
Im Mittelalter erfolgte nach der Ausdehnung der Stadt die Unterteilung in die Viertel Castello, Borgo, Campo und Oliveto (später wurden die Viertel zu Stadtbezirken; auch der Hafen wurde miteinbezogen), die um den ursprünglichen Teil, den Hügel, herum angeordnet waren. Am höchsten Punkt befand sich das Schloß, in dem die Grafen von Ventimiglia lebten. Der Palast des Bischofs und der Palazzo Pubblico, das Baptisterium und die Kathedrale wurden in der Nähe gebaut. Die Kathedrale stammt aus dem frühen Mittelalter (die Krypta aus der Karolingerzeit) und wurde im 12. Jahrhundert fertiggestellt. Die zwei Bauabschnitte sind einmal durch volkstümliche Einflüsse der frühromanischen Kunst und durch einige elegante Elemente herrschaftlicher Baukunst gekennzeichnet. Die Gliederung von Masse und Raum vermittelt den Eindruck von Robustheit.
Dieser wird noch verstärkt durch die hohen Querbögen, die das Gewölbe des Hauptschiffs in Felder unterteilen, sowie durch die lebendigen Flächen: Hängebögen, Archivolte und Reliefs mit Skulpturen an den Kapitellen. Nur das Portal mit angeschlossenem Gang, das mit dem Rest des Bauwerks schlecht harmoniert, wurde offensichtlich vom gotischen Stil des späten 13. Jahrhunderts beeinflußt, während die Verwendung von kleinen Sandsteinblöcken in der frühromanischen Fassade und an den beiden Seitenteilen der Kirche sich in der Verwendung von vergoldetem Kalkstein im Presbyterium und dem darüberliegenden Vierungsturm erschöpft. Der Kirchturm ruht auf enormen Quadern (Mitte des 12. Jahrhunderts, abgeändert im 19. Jahrhundert).
Innen ist die Kirche in ihrem ursprünglichen, einfachen und strengen Charakter belassen. Die Mitte überspannt ein Tonnengewölbe (ursprünglich war das Dach aus Holz). Die Seitenschiffe haben Kreuzgewölbe, beide werden von hohen Halbsäulen getragen, die auf den Pilastern aufliegen. Am Eingang steht ein Taufbecken, das als Weihwasserbehälter dient und aus dem Baptisterium stammt. Dieses herrliche Gebäude mit achteckigem Grundriß ist allerdings seit langem für Besucher verschlossen. Links vom Hauptaltar gelangt man über eine Treppe zur Krypta, in der neben frühromanischen

ÜBERNACHTEN

Albergo Bel Soggiorno
Via Asse, 93A
Tel. 29 53 93

Hotel Calypso
Via Matteotti, 8
Tel. 25 15 88

Hotel Sole Mare
Passeggiata Marconi, 12
Tel. 35 18 54

ESSEN

Baia Beniamin★★
Corso Europa, 63
Grimaldi Inferiore
Tel. 3 80 02
Sonntagabend und montags geschlossen (im Sommer nur montags)

Balzi Rossi★★
Piazzale De Gasperi, 11
Tel. 3 81 32
Montag- und Dienstagmittag geschlossen

Ein Ausschnitt aus der seitlichen Apsis der Kathedrale von Ventimiglia Alta.

Marco Polo*
Passeggiata Cavallotti
Tel. 3 56 78
Montags geschlossen

Pasta & Basta
Via Marconi, 12A
Tel. 23 08 78
Mittwochs geschlossen

KAFFEE, APERITIF, SANDWICH

Bar Bananarama
Corso Cavallotti, 13

Bar Caffè Cavalieri
Via Roma, 19

Bar del Teatro
Via Mameli, 1B

EINKAUFEN

Castagnole

La boutique del pane Mondino
Via Roma, 38

Focaccia, pisciadela

Panetteria Meineri
Corso Genova, 128

Panetteria pasticceria
Via Stazione, 1B

Ezio Rebaudo
Gemüsemarkt
Corso Repubblica

Eis

Gelateria Haiti
Via Roma, 26

Wein, Aperitif

Enoteca Sottovento
Via Martiri della Libertà

HANDWERK

Keramik

Perotti
Via Vittorio Veneto, 13

Skulpturen die Reliquien von San Secondo aufbewahrt werden, dem die Kirche ursprünglich geweiht war. Auf dem Platz der Kathedrale sieht man auch die Stadtmauern aus dem 17. Jahrhundert mit breiter Loggia und drei Bögen eines Nonnenklosters: Im eingezäunten Bereich des Klosters befinden sich die Überreste des Schlosses der Grafen von Ventimiglia. Wenn man über das Kopfsteinpflaster der Via Garibaldi spaziert, zeugen alte Patrizierhäuser (Galeani, Biancheri, Orengo), Kirchen und öffentliche Gebäude vom geschäftigen Treiben vergangener Tage.
Wir finden sie wieder in den Spitzbogen der Loggia del Parlamento oder in der Biblioteca Aprosiana, der ältesten Bibliothek Liguriens, in der Barockfassade des Oratorio dei Neri und auf dem wunderschönen Platz mit dem Löwenbrunnen. Es gibt unzählige weitere Spuren, wenn man durch die Winkel und Scuri, die bedeckten (dunklen) Gassen streift, durch die man in einem Wechselspiel von Licht und Schatten den Hügel hinaufsteigt. Plötzlich landet man auf der Piazza Colletta, auf der es neben schon stark verfallenen und heruntergekommenen Gebäuden noch einen schönen Brunnen mit Kiosk aus dem 16. Jahrhundert gibt, den Funtanin. In seiner Nähe befinden sich Reste der Stadtmauern aus derselben Epoche mit Schießscharten. In Richtung Norden öffnet sich der Durchgang zur Porta Piemonte und zur entzückenden Sankt-Michaels-Kirche.
Wenn man an der Brücke über den Roja angekommen ist, der Grenze zwischen Alt und Neu, und sich für ein kühles Bad in den Wellen entscheiden möchte, kann man durch den Scogliettitunnel nach San Giuseppe gelangen, wo man ruhige Strände und einsame Spazierwege findet.
Anderenfalls kann man zu Fuß einen Einkaufsbummel unternehmen und sich vielleicht einen Aperitif und eine Pisciadella oder eine Gemüsetorte genehmigen. Vielleicht findet man auch eine Foccaccia mit Zwiebeln, die salzig-süße Verbindung, die angeblich kluge Frauen seinerzeit erfunden haben, um außereheliche Abenteuer ihrer Männer dadurch zu verhindern, daß deren Atem nach Zwiebeln roch. Etwas Glück oder Geduld braucht man für eine Farinata, die außen knusprig und innen weich ist, wenn sie gerade frisch und noch dampfend aus dem Ofen kommt (aufgewärmt ist sie nicht halb so gut!). Immer weniger Lokale garantieren die Qualität und die Tradition der Zubereitung. Leider werden viele Imitationen angeboten.

Wenn man den Gemüsemarkt von der dem Credito Italiano gegenüberliegenden Seite betritt, findet man Ezio Rebaudo und seine Frau am ersten Stand links. Die beiden sind seit langem mit diesen Rezepten vertraut. Wer keine salzigen Sachen mag, kann zu einer Castagnola greifen, einem Brot aus Mehl, bitterer Schokolade und Kaffee, das man bei Mondino kaufen kann, vielleicht eine der letzten Bäckereien, die diese Süßigkeit noch machen.

Für den Aperitif, wenn man Wein möchte, sollte man in eine kleine Enoteca gehen, die erst vor kurzem geöffnet hat und über eine annehmbare Auswahl verfügt. »Sottovento«, mit einem seemännischen Begriff hat der Besitzer in der Via Martiri seine Enoteca bezeichnet.

Die Kirche San Michele in Ventimiglia (für einen Besuch muß man sich an die Azienda Autonoma wenden) lag ursprünglich außerhalb der Stadtmauern im Viertel Oliveto. Anscheinend hat ein Graf von Ventimiglia den Bau im 10. Jahrhundert als Familienkapelle veranlaßt. Danach wurde sie den Benediktinern von Lerino zu Lehen gegeben. Sie wurde mehrfach restauriert, wobei das Ergebnis wie bei der Fassade mitunter nicht ganz gelungen ist. Im Laufe der Jahrhunderte hat sie zwei Seitenschiffe verloren. Der Kirchturm hat sicher als Aussichtsturm gedient und hat einen quadratischen Grundriß mit schlankem Rumpf. Die Krypta ist der faszinierendste Teil. Es handelt sich dabei um eine seltene und originelle Struktur, die durch Bogen geschmückt ist, welche auf Marmorsäulen liegen, die aus römischen Gebäuden von Albintimilium stammen. Darunter befindet sich ein Meilenstein, in den die Entfernung nach Rom eingetragen ist: DXC (590 Meilen). Am Kircheneingang steht ein Weihwasserkessel, der aus einem alten Meilenstein entstanden ist und die Umsichtigkeit und Sparsamkeit der Ligurer bestätigt, die lieber nichts verschwenden!

Im Zentrum sollte man einen Blick auf den Kiosk in der Nähe der Chiesa San Agostino aus dem späten 15. Jahrhundert werfen. Im Fremdenverkehrsamt können Sie sich weitere Informationen über das Castel D'Appio holen, die Ruine aus dem 12. Jahrhundert, die in dreihundert Metern Höhe die Stadt, die Latte- und Rojatäler und einen guten Teil der Küste beherrscht. Uneinnehmbares Verteidigungswerk bereits zu Zeiten des Konsuls Appius Claudius, wurde es dann zu einem Schutzwall gegen die Vorherrschaft der Genueser. Heute sind nur der Nordturm und eine Zisterne noch teilweise intakt; von dort hat man jedoch einen herrlichen Blick. Etwas weiter in Richtung Osten in der Nähe der Nerviamündung stößt man auf die Ausgrabungen von Albintimilium, die nur wenig erschlossen sind und sich zwischen Italgas, der Eisenbahn und dem Day Hospital befinden. Wenn man am Krankenhaus entlanggeht, kann man die Überreste der Werkstätten und Thermen sehen, die Spuren eines ursprünglichen Militärlagers der zehnten Legion und der Kanalisation sowie Ausschnitte von Mosaiken und das kleine Theater.

Die Ausgrabungsstätten von Ventimiglia. Die Stadt war zu Zeiten der Römer ein wichtiges Zentrum auf der Straße nach Gallien. Die Überreste lassen, auch wenn sie nicht besonders gut erschlossen sind, ahnen, daß es sich um eine reiche und lebendige Siedlung handelte.

Nach der Porta Pretoria oder Porta di Provenza kommen zwei runde, versetzte Verteidigungstürme (einer wird vom Erdwall der Eisenbahn verdeckt).

Nach der Eisenbahnüberführung trifft die Straße auf die Via Aurelia. Ab hier beginnt eine Reise durch das bescheidenere Ligurien, das noch von der Landwirtschaft geprägt ist. Auch hier ist aber das Phänomen der Landflucht bekannt. Die Viehzucht und die Aufzucht von Ziegen nimmt immer mehr ab, und das bäuerliche Handwerk – Küfer, Korbmacher, Hufschmied oder Kupferschmied – ist praktisch verschwunden. Der bäuerlichen Tradition entspricht noch der Anbau von Wein und Oliven, die eine begrenzte Produktion von guter, manchmal sogar exzellenter Qualität erlauben, mitunter jedoch auch schlichtweg gefälscht werden.

Wie in allen römischen Städten, so fehlt auch in Albintimilium nicht das Theater, ein Bau, in dem fünftausend Personen Platz fanden. Die halbkreisförmig angeordneten Stufen sind aus Turbia-Kalkstein, einem weißen und eleganten Material. Es gibt zwei Eingangstore, eines ist unversehrt erhalten geblieben und architektonisch sehr interessant.

Die Pizza von Andrea Doria

Es gab einmal die Pissaladière, und sie genießt heute noch einen hervorragenden kulinarischen Ruf. Die Zubereitung entstammt einer Rezeptsammlung aus der Provence und basiert auf einem Brotteig, dem man Olivenöl hinzufügt, um ihn dann bis auf eineinhalb Zentimeter Stärke in der Backform auszurollen. Jetzt kommen die Zwiebeln an die Reihe. Nach langer Kochzeit bei niedriger Flamme im zugedeckten Kochtopf sind sie fast zu einem Brei verkocht und werden auf dem Teig ausgebreitet. Danach folgen Oliven und Sardellen, die traditionell, je nach Großzügigkeit des Bäckers, wie Radspeichen angeordnet werden.

Die Pissaladière ist eine kinderreiche Mutter, wenn man von der Zahl ihrer Nachkommen ausgeht, die sich mehr oder weniger legitim über den gesamten westlichen Teil Liguriens ausgebreitet haben. Den größten Ruhm genießt dabei die Piscialandrea (Pizzalandrea), die wie all ihre Schwestern mit Tomaten belegt wird und ihren Namen dem Admiral Andrea Doria verdankt, der sie, wie die Legende erzählt, erfunden haben soll (dabei wird allerdings nicht berücksichtigt, daß in Ligurien zu jener Zeit noch keine Tomaten angepflanzt wurden).

Entgegen der vermutlichen Wahrheit also, nach der Marseille der Ort war, an dem diese gastronomische Kreation entstand, erweckt die lokalpatriotische Version von Oneglia den Eindruck, daß die Verwandten jenseits der Grenze dem Namen den französischen Einschlag gegeben haben. Tatsache ist, daß diese Weiterentwicklung des Brotlaibs seit Jahrhunderten die Gaumen erfreut, die zum Erfolg und der Verbreitung beigetragen haben. Jeder Ort an der Riviera und im Hinterland hat seinen eigenen Namen und seine eigene Variante. Pisciadella in Ventimiglia wird zu Pisciarà in Bordighera, zu Sardenaira in Sanremo oder zu Pasta Cu a Pumata, um in Dolceacqua den Belag zu betonen, und zu Machetusa in Apricale.

Der wesentliche Unterschied, der heute immer mehr verwischt wird, da man dazu neigt, die Rezepte uniformer zu gestalten, liegt in der Verwendung der Sardellen (Pisciadella, Pisciarà und Piscialandrea) oder von Machetto, einer Sardellenmischung mit Salz und Olivenöl (Sardenaira, Machetusa). Immer häufiger werden die in Portionen unterteilten Rechtecke standardisiert. Nur der Belag unterliegt, häufig nach fraglichen Kriterien ausgewählt, einer gewissen Änderung.

Grüne Torte, Focaccia und Piscialandrea im »forno dei due amici« in Oneglia.

TIPS & INFOS

Ausführliche Informationen finden Sie auf Seite 102f.

CAMPOROSSO

7 km von Ventimiglia
Einwohner: 4400
Höhe: 25 m ü.d.M.
Postleitzahl: 18033
Vorwahl: 0184

Informationen

Municipio
Tel. 28 80 44

EINKAUFEN

Wein, Öl

Tenuta Giuncheo
Località Giuncheo
Tel. 28 86 39

Terre Bianche
Ortsteil Brunetti, 19
Tel. 3 12 30

Wir folgen erneut dem Fluß Nervia bis nach **Camporosso**. Zwei mit silbrigen Olivenbäumen und smaragdgrünen Weinreben bewachsene Hügel umgeben und schützen den Ort. Fast auf der Spitze eines dieser Hügel erstreckt sich die Tenuta Giuncheo über 25 Hektar. Angesichts der Beschaffenheit des Terrains ist das eine beachtliche Größe. Vermentino, Rossese di Dolceacqua und Olio d'Oliva extravergine sind die drei Produkte, die hier hergestellt werden. Der Ort, der Mitte des 13. Jahrhunderts gegründet wurde, erhielt seinen Namen von der »roten Erde«, die typisch für diese Gegend ist; das wichtigste Ereignis in seiner Geschichte ist die Rebellion gegen die despotische Herrschaft von Ventimiglia, die sich 1686 mit der Gründung der autonomen Republik der Magnifica Comunità degli Otto Luoghi auflöste (dazu gehörten außerdem Bordighera, Sasso, Vallebona, Borghetto San Niccolò, San Biagio und Vallecrosia. Sie alle standen unter dem Schutz von Genua).
Die gastronomische Spezialität des Ortes sind die Barbagiuai, ein ursprünglich bäuerliches Gericht, bei dem Kürbis mit Frischkäse (oder Quark), Pecorino (oder Grana) und Eiern vermischt wird. Mit der Mischung werden Teigtaschen gefüllt, die großen Ravioli ähneln. Danach werden die Barbagiuai fritiert. Am dritten Sonntag im September wird auf der Piazza ein ganzes Fest damit gefeiert.
Die romanische Kirche San Pietro (11. Jahrhundert) beim Friedhof außerhalb des Ortes stellt eine verkleinerte Ausgabe der Kathedrale von Ventimiglia dar. Die Apsis und der Kirchturm, beide aus dem Jahre 1000, sind erstaunlich gut erhalten. Die Verwendung recht-

Die Barbagiuai, Spezialität aus Camporosso.

eckiger Turbiablöcke für das religiöse Gebäude und bei einigen Außenmauern ist, zusammen mit Material aus der Zeit des romanischen Rathauses, Zeichen dafür, daß bereits vor dem Entstehen der mittelalterlichen Ortschaft eine Siedlung vorhanden war.
Nur wenige Kilometer weiter im Landesinneren befindet sich neben der asphaltierten Straße die Chiesa di Sant'Andrea, die, in die Fassade eingemauert, ein weiteres Indiz dafür liefert: einen römischen Grabstein.
Unter einem nuancenreichen Himmel, inmitten der sonnigen und farbigen Natur, erreichen wir **Dolceacqua**, eine Ghibellinenfestung mit Oberto Doria. Er war der stolze Feind der Welfen von Ventimiglia und der Grimaldis, Angreifer und Angegriffene fast zwei Jahrhunderte hindurch. Später wurden die beiden Häuser durch die Heirat von Luca Doria und Francesca Grimaldi miteinander verwandt. In San Giorgio, einer romanischen Kirche am Ortseingang in der Nähe des Friedhofs, ruhen die Gebeine der Familie. Dadurch wird die Bedeutung unterstrichen, die dieses Gebäude zu Zeiten der Grafschaft hatte. Die Grabplatten von Giulio und Stefano Doria, die die beiden in ihrer Rüstung darstellen, sind wunderschön. Das Adelswappen wirkt fast ironisch und stellt zur einen Hälfte den Adler aus Dolceacqua dar und zur anderen Hälfte das Wappen mit roten und weißen Rhomben der Grimaldi, ein Symbol für die Versöhnung der alten Feinde.
Eine beeindruckende Burg, die prächtig, elegant, geheimnisvoll und gleichzeitig faszinierend ist. Dieser Eindruck ergibt sich aus der fast 600jährigen Geschichte. Die Burg erzählt von der Macht und dem Einfluß ihrer Herren. Sie liegt auf einem felsigen Hügel mit alten Häusern, mitten im satten Grün und darüber der blaue Himmel. Das mittelalterliche Viertel heißt La Terra. Claude Monet hat den Ort 1884 während seines Aufenthalts in Bordighera gesehen und in sein Tagebuch geschrieben: »Der Ort ist bildschön, er besitzt eine Brücke, die in ihrer Leichtigkeit ein wahres Schmuckstück darstellt.« Die Brücke über den Fluß (Bogen mit mehr als 33 Metern Abstand) stellt die Verbindung zum älteren Teil des Ortes her.
Eine modernere Brücke befindet sich weiter unten auf der anderen Seite des Kirchturms von Sant'Antonio, der ein Teil der Verteidigungsmauern war. Links, in Richtung Fluß, ist das Denkmal an der Ölmühle Pier Vincenzo Mela gewidmet, der ein Verfahren zum Waschen der Oliventrester erfunden hat (durch Verwendung der

TIPS & INFOS

Ausführliche Informationen finden Sie auf Seite 106f.

DOLCEACQUA

11 km von Ventimiglia
Einwohner: 1850
Höhe: 51 m ü.d.M.
Postleitzahl. 18035
Vorwahl: 0184

Informationen

Azienda di Promozione Turistica
Via Patrioti Martiri, 56
Tel. 20 66 66

Municipio
Via Roma, 50
Tel. 20 64 44

Museen

Museo delle Tradizioni Locali e Mostra Audiovisiva
Via Doria
Öffnungszeiten: täglich 10–12/15–18 Uhr
Informationen
Tel. 20 60 38

Detail eines Brunnens in Dolceacqua.

ÜBERNACHTEN

Azienda Agrituristica Terre Bianche
Località Arcagna
Tel. 3 12 30/3 14 26

HANDWERK

Holz

La bottega dell'artigianato
Via San Biagio, 7

EINKAUFEN

Michette, Focacce

Alimentari
Piazza Garibaldi, 8

Biologische Erzeugnisse

Terre Alte
Via Patrioti Martiri, 53

Öl

Cooperativa Olivicola Val Nervia
Via Roma, 10
Tel. 20 61 71

Giobatta Mandino Cane
Via Roma, 21
Tel. 20 61 20

Antonio Perrino
Via Laura , 2
Tel. 20 62 67

WEINKELLEREIEN

Luigi Caldi
Piazza Giardini delle Scuole
Tel. 20 62 02

Giobatta Mandino Cane
Via Roma, 21
Tel. 20 61 20

Adriano Maccario
Via San Bernardo, 23
Tel. 20 60 13

Antonio Perrino
Via Laura, 2
Tel. 20 62 67

Der Nektar von Dolceacqua

Barnabo Doria hatte im Bug seines Schiffes ein Faß davon, um die Mannschaft vor der Schlacht aufzustacheln. Es wurde geöffnet und verteilt, um die Geister zu erhitzen und zu Heldentaten anzuspornen. Bonaparte war davon begeistert, als er den Nektar versuchte. Er war im Rahmen des Italienfeldzugs auf der Durchreise in Dolceacqua. Der Nektar schmeckte ihm so gut, daß er seit dieser Zeit die kaiserlichen Weinkellereien damit füllen wollte. Sogar seinen Namen wollte er für den duftenden, generösen Rotwein zur Verfügung stellen. Mehr als zwei Jahrhunderte vorher fiel dieser Wein bereits Alessandro Farnese auf, der unter dem Namen Paul III. Papst wurde (1534). Sein heimlicher Kellermeister Sante Lanterio erzählte, daß er ein Kenner gewesen sei. Die Referenzen könnten fortgeführt werden mit der Wertschätzung, die dieser Wein bei Dichtern, Künstlern, Schriftstellern und Weinjournalisten genießt... Ein aristokratischer Wein, den Geschichte und Legenden feiern, der Kelche rubinrot füllt und violettrot funkeln läßt, nach verwelkten Rosen duftet, sehr wohlschmeckend ist und einen leicht bitteren Nachgeschmack hat.
Rossese di Dolceacqua, aber auch nur einfach Dolceacqua: eine Bezeichnungsergänzung, die die anderen Hersteller immer etwas verärgert hat (die Regelung sieht 14 vor), die aber mit den tatsächlichen oder wahrscheinlichen önologischen Verdiensten der Markgrafschaft Doria zu tun hat, die zumindest den Anstoß für seinen Anbau gegeben hat. Die Überzeugung, daß die Weinrebe Rossese aus Frankreich stammt und von den Soldaten, die im Dienste der Doria standen und von einem Beutezug jenseits der Grenzen zurückkamen, nach Val Nervia importiert wurde, hält sich hartnäckig. Andererseits findet Gallesio, ein Gelehrter des 19. Jahrhunderts eine Entsprechung zwischen dem Rossese di Dolceacqua und dem Wein aus Nizza (bekannt als Belletto). Sicher sind die Vorzüge dieses warmen, trockenen Weines mit kräftiger Struktur und vollem Charakter, stolz, lieblich und rebellisch wie das Ligurien der damaligen Zeit. 1972 war er der erste DOC-Wein aus Ligurien und hat anderen geschätzten Weinen, die weniger bekannt waren, den Weg geebnet. Seit dieser Zeit wurde die Qualität stark verbessert, auch wenn sich nur wenige Hersteller in dieser Richtung bemühen.

Preßrückstände kann man noch mehr aus den Oliven erwirtschaften).
Vom davorliegenden Platz aus erreicht man leicht die Via Doria, in der im neuen Museo delle Tradizioni Locali Ennio und Pierangelo Andrighetto zusammen mit Enzo Bernardini eine audiovisuelle Reise in die Geschichte des Ortes vorbereitet haben: »Dolceacqua – Land voller Zauber«.
Der Ort versteckt seinen keltisch-ligurischen Ursprung. Sein Name entstammt Dus-Aga, dem Zaubergott aus der Mythologie der Gallier. Vielleicht macht es wirklich das Erbe, daß Dolceacqua etwas geheimnisvoll ist: das steinige Labyrinth seiner vielen Winkel und Gassen, in denen noch die Schritte der Vergangenheit nachklingen, die kühne Bauweise der turmartigen Häuser, der nach Rosen oder Erdbeeren duftende, nuancenreiche Wein. Auch die Ölproduktion ist bemerkenswert, vor allem wenn die Oliven aus mittleren und hohen Hügellagen stammen. Ohne das Olivenöl in seiner Bedeutung schmälern zu wollen, ist der Rossese di Dolceacqua doch das wichtigste Erzeugnis. Wenn man Wert auf Qualität legt, findet man ihn nur in begrenztem Umfang.
Das Gegenstück zu diesem Wein bildet die hervorragende Küche, die sich auf leichte Kost konzentriert, auf Olivenöl, Gemüse und Kräuter, helles Fleisch, Lammfleisch und Bergziegen. Man findet aber auch Wild, Obst der Saison, Pilze und Schnecken.
Es steht auch Fisch auf der Speisekarte, Stockfisch und Dorsch. Diese Spezialitäten werden in entsprechenden Varianten im gesamten Westligurien angeboten.
Einzigartig sind dagegen die Michette, dickbäuchige Kekse, die auf ein weibliches Attribut anspielen und mit einer Legende verknüpft sind, die besagt, daß es von

Auch das ist ligurisches Hinterland: verlassene Felder mit Gestrüpp. Auf dem Foto sieht man einen verlassenen Bauernhof in der Nähe von Dolceacqua.

Die Seen an der Paù-Brücke

Ausgangs- und Zielort:
ROCCHETTA NERVINA

Länge:
3 KM

Voraussichtliche Dauer des Ausflugs:
$1^{1}/_{2}$ STD.

Das gastronomische Symbol von Rocchetta Nervina ist ein Gericht, das herb und schmackhaft wie Ligurien selbst ist. Ziege und Bohnen (crava e faxeu), ein appetitanregender, eiweißreicher Eintopf mit »wildem« Fleisch und weichen, cremigen weißen Bohnen aus Pigna. Rosmarin, Lorbeer und Knoblauch verleihen dem Eintopf sein Aroma. Dieses Gericht ist ein Beispiel für die ländliche Küche, die häufig als arme Küche bezeichnet wird, die aber bei genauerem Hinsehen zwar einfach, aber sicher intelligent ist. Es handelt sich nicht um ein alltägliches Gericht, sondern es wird anläßlich des Volksfestes am letzten Augustsonntag serviert. Die Landschaft und das Panorama in dieser Gegend zwischen den Flüssen Oggia und Barbaira, die sich in der Nähe des Ortes treffen, sind erwähnenswert. Mehr oder weniger aufwendige Ausflüge und Rundfahrten zeigen uns eine wunderschöne und faszinierende Gegend. Eine dieser landschaftlichen Schönheiten ist der Fluß Barbaira. In der Nähe des Oratoriums der Santissima Annunziata führt links eine kleine Straße, die dann zum Eselspfad wird, zur Paù-Brücke. Ohne große Anstrengung erreicht man nach einer Stunde Fußweg den oberen Flußlauf. Das glasklare Wasser, die glitzernden Wassertropfen auf den Felsen und die unglaublich grünen Wasserbecken (etwas frisch, aber man schwimmt trotzdem gerne) führen uns in eine zauberhafte Welt und belohnen uns reich für unsere Mühe.

Alternativ dazu beginnt am Platz der Pfarrkirche ein Weg, der über einen Bergpfad zur ländlichen Chiesa di Santa Lucia in Oggìa führt. Früher handelte es sich vielleicht um eine Klostersiedlung. Hier führte der Verbindungsweg nach Pigna vorbei. Der Weg führt weiter durch brachliegende Felder und verlassene Weinberge und Wälder (es ist aber nicht ganz einfach, den Spuren des alten Pfades zu folgen) in das obere Val Nervia, trifft dort auf die Abzweigung nach Gouta, und man kommt kurz vor Pigna heraus.

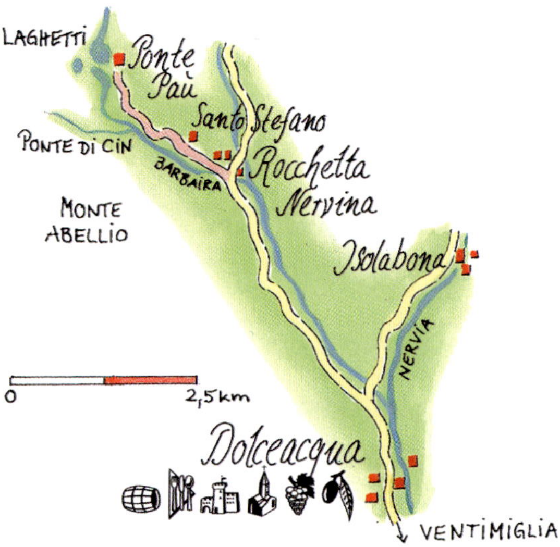

jungen Bräuten anstelle ihrer Jungfräulichkeit dem Schloßherrn angeboten wurde, der den Vollzug des *ius primae noctis* verlangte.
Während der Sommerzeit, wenn Theater- und Musikaufführungen oder festliche Veranstaltungen stattfinden, deren Krönung das Feuerwerk von »Mezzagosto« (dem 15. August) ist, werden auch die Michette genossen.
Wir verlassen Dolceacqua und fahren über eine kleine Brücke nach der Abzweigung nach **Rocchetta Nervina**. Die Straße steigt an und führt zur Azienda Agrituristica Terre Bianche; man zweigt an der Kreuzung nach Colla ab; nach vier Kilometern erreicht man eine Kreuzung und fährt in Richtung Camporosso-Ventimiglia; nach einem weiteren Kilometer erreicht man **Arcagna**, ein hervorragendes Weinanbaugebiet und Sitz der Azienda. Ein kurzer Fußweg trennt das Land von den Terre Bianche, deren Schluchten durch Erosion entstanden sind. Sicherlich hat man hier früher das notwendige Material für weiße und unglaublich leichte Dachziegel und Ziegelsteine beschafft.
Fährt man weiter nach **Isolabona**, trifft man auf die Überreste eines großen Gebäudes aus dem 15. Jahrhundert, der Papiermühle der Doria, die für ihre Qualität berühmt war, da man das Papier aus Flachs und Hanf herstellte, die auf den Feldern der Grafschaft angebaut wurden. Die Doria besaßen auch ein kleines Kastell

Steinbrunnen sind charakteristisch für die kleinen Orte des Ponente. Der Brunnen auf dem Foto befindet sich in Isolabona und stammt aus dem Jahr 1486.

TIPS & INFOS

Ausführliche Informationen finden Sie auf Seite 111f.

ISOLABONA

16 km von Ventimiglia
Einwohner: 639
Höhe: 106 m ü.d.M.
Postleitzahl: 18030
Vorwahl: 0184

Informationen

Municipio
Via Roma, 41
Tel. 20 81 27/20 85 30

ESSEN

Degli Amici da Piombo*
Via Roma, 16
Tel. 20 81 24
montags und mittags geschlossen

EINKAUFEN

Käse

Anfosso
(der Betrieb gehört zur Metzgerei)
Via Nuova, 2
Via Roma, 3A

Sottoli (eingelegtes Gemüse), Öl

Grillo
Via Molino

(wird restauriert), das über dem bewohnten Gebäude lag. Es entstand am Ende des 13. Jahrhunderts aus rohem Sandstein und befand sich in einer strategisch wichtigen Position für die militärische Kontrolle des Val Nervia und des Valle del Merdanzo. Es besteht aus einem quadratischen Turm mit langen und engen Schießscharten sowie aus einem mehreckigen Bau der nach Norden offen ist. Der Eingang trägt einen Spitzbogen.

Im alten Ort drängen sich die Häuser zu einer Art Festung zusammen. Der Zugang über die alte Brücke schenkt einem den herrlichen Blick auf den achteckigen Steinbrunnen aus dem 15. Jahrhundert gleich hinter der Bogenleiste. Kurz vor der Brücke zelebriert man in der »Locanda degli Amici« oder kurz »da Piombo«, wie die Gaststätte hier genannt wird, den Stockfisch. Beim Metzger gegenüber kann man häufig frischen Käse von den Hirten finden.

Die Loggia eines alten Hauses in Pigna.

Inmitten der gemischten Vegetation aus immergrünen Sträuchern, vereinzelten Weinstöcken, Steineichen, Flaumeichen und dichten Pinienwäldern liegt **Pigna**, »die Fromme, die Starke, die Gelehrte«. Wer will, kann durch Olivenhaine und Kastanienwälder nach **Gouta** fahren (11 Kilometer). Weiter geht es dann nach **Margheria dei Boschi** zu Fuß. Es handelt sich um einen einzigartigen Ort mit dem größten Wald Liguriens und einem außergewöhnlichen Reichtum an Flora und Fauna. Es ist als reiches Sammelgebiet für Pilze so begehrt, daß für das Sammeln eine eigene Erlaubnis benötigt wird. In der Zeit der traditionellen Sagra del Fungo (Anfang Oktober) wird keine Erlaubnis zum Sammeln erteilt. Es gibt den Bronzeröhrling, der das warme Klima liebt und unter dem Laub wächst, den Boletus Pinicola, der, wie es schon der Name sagt, die Bergkiefern bevorzugt, den Collinitus (der hier Bavosà heißt), der unter Kiefern und in Waldlichtungen wächst. Außerdem gibt es viele Fratui (allgemeine Bezeichnung für die Zugehörigkeit zur weitverzweigten Familie der Täublinge) und die nicht weniger allgemein

bezeichneten Sanghin (Lactarius deliciosus und Sanguifluus), Pfifferlinge (Cantharellus cibarius) und einige Schirmpilze (Lepiota procera). Außergewöhnlich sind die Ciuccotti (Tricholoma portentosum) mit allen Soßen und speziell in Öl eingelegt. Alle enden im Kochtopf und werden, verschieden zubereitet, zu Antipasti, Vorspeisen und Hauptgerichten. Man sollte diese Sinfonie für Gaumen und Geschmack während der Saison im Restaurant »Terme« versuchen. Die Speisekarte hat dort immer auch einen kleinen Platz für die berühmten Fagioli di Pigna (weiße Bohnen) reserviert. Sie stehen seit jeher in Konkurrenz zu den Bohnen aus Badalucco und denen aus Conio. Unangetastet bleibt dagegen die Exklusivität des Brotes aus Pigna. Es wird aus Vollkornmehl und Kleie hergestellt und schmeckt wirklich hervorragend.
Die Via De Sonnaz, die zum Forno Papalia führt, mündet in die Piazza XX Settembre ein, eine Terrasse mit Blick auf das umliegende Tal. Am Ende geht man durch ein Schieferportal, das mit einem savoyischen Schild und christlichen Symbolen verziert ist. Danach beginnt die Piazza Vecchia, die durch einen Laubengang aus schwarzem Stein überdacht ist. Hier versammelte sich das Parlament. Der Platz war der Mittelpunkt des gesellschaftlichen und wirtschaftlichen Lebens der damaligen Zeit, hier wurde Recht gesprochen. Über eine kleine Straße gelangt man zur Piazza del Castello hinauf; ein Brunnen, ein Torbogen und zwei gut sichtbare Platten aus schwarzem Stein gemeißelt, mit einem Pinienzapfen und einem Spaten sind dort zu sehen. Der Pinienzapfen gilt als Symbol des Ortes und verweist auf die Anlage des Ortes: konzentrische Kreise, die über Stufen ansteigen und untereinander über eine Reihe von querverlaufenden, dunklen und engen Gassen verbunden sind. Die Gassen heißen Chibi (dunkel, ähnlich wie die Scuri in Ventimiglia Alta). Diese architektonische Form ist angeblich verantwortlich für den Namen des Ortes. Die Volksetymologie besagt hingegen, daß der Name von dem altlateinischen Wort Pinea und damit Pigna, dem Pinienzapfen, abstammt. Einige Teile einer Tür bezeugen, daß der erste Mauergürtel nur die kleine Festung der Grafen von Ventimiglia (12. Jahrhundert) und einige Dienstgebäude umfaßte. Später entwickelte sich die Siedlung weiter, und es mußte eine neue Verteidigungsmauer gebaut werden. Die Adelshäuser (16. Jahrhundert) lehnen sich auf den Platz hinaus und zeigen wertvolle Tore, die die Wappen der illustren Familien

TIPS & INFOS

Ausführliche Informationen finden Sie auf Seite 115f.

PIGNA

24 km von Ventimiglia
Einwohner: 1221
Höhe: 281 m ü.d.M.
Postleitzahl: 18037
Vorwahl: 0184

Informationen

Municipio
Via Isnardi
Tel. 24 10 16

ÜBERNACHTEN

Hotel Terme
Località Terme Madonna Assunta
Tel. 24 10 46

In Pigna haben die Häuser der adligen Familien häufig verzierte Fenster und Türen.

ESSEN

La Posta
Via San Rocco, 60
Tel. 24 16 66
donnerstags und abends im Winter geschlossen, mit Ausnahme von Samstag und Sonntag

Le Terme*
Località Terme Madonna Assunta
Tel. 24 10 46
mittwochs geschlossen

EINKAUFEN

Brot aus Pigna

Forno Papalia
Via De Sonnaz

Sottoli (eingelegtes Gemüse), Öl, eingelegte Oliven

Bar La Posta
Via San Rocco, 60

tragen oder das Monogramm JHS (Jesus Hominum Salvator). In diesem Rahmen findet, fast immer zwischen der letzten Juli- und ersten Augustwoche, seit 25 Jahren das Festival della Poesia e della Commedia Intemelia mit ständig wachsendem Erfolg statt.
Wenn dieser Ort die politische Macht darstellt, so kommt die religiöse Macht in der Pfarrkirche San Michele zum Ausdruck. Sie ist ein bewundernswertes Beispiel spätmittelalterlicher Architektur (15. Jahrhundert) und zeugt von der Kunst der Steinmetzen in dieser Gegend. Die elegante Vorderseite wird durch die wunderschöne Rosette aus weißem Marmor verziert. Ein selten schön bemaltes Glas befindet sich über dem Portal, wo ein würdevoller Erzengel Michael den Teufel durchbohrt. Unten links befinden sich Nägel in ungleichem Abstand voneinander, die alte Längenmaße angeben (Fuß, Spanne, Zoll ...). Das weitläufige und feierliche Innere der Kirche besticht hauptsächlich durch die Malereien von Giovanni Canavesio. Die Fresken, die die Passionsgeschichte und das Jüngste Gericht darstellen, beeindrucken durch die aggressive Farbgebung und den selbstbewußten Ausdruck der Figuren. Populäre Lebhaftigkeit und angsteinflößende, grausame Mystik, die einen sofort gefühlsmäßig gefangennimmt, sind die wesentlichen Elemente dieser »Bibel für die Armen«.

*Am Ende des Säulengangs des Parlaments – der im Mittelalter das Zentrum des gesellschaftlichen und wirtschaftlichen Lebens war – am Eingang zu einem »Caruggio«, der im Halbdunkel liegt, kann man drei antike Meßgefäße sehen, die in Stein gehauen sind.
Sie wurden für den Verkauf von Oliven und anderen Produkten verwendet, dienten aber auch der Steuereintreibung in Form von Naturalien.*

Gleichsam eine Filmvorführung der damaligen Zeit, Ausdruck eines Volkstheaters, das im Mittelalter als bevorzugtes Thema die Leiden Christi behandelte. Anders vom Konzept her und im Farbgebrauch sowie in der Darstellungskraft der Personen ist der grandiose Flügelaltar hinter dem Hauptaltar, der als das letzte Meisterwerk des Künstlers angesehen wird. Den Abschluß des Gebäudekomplexes bildet der hohe Kirchturm (51 Meter) mit Einzelbogenfenstern und dem spitzen pyramidenförmigen Giebel aus Sandstein.

Pigna.
Der Säulengang des Parlaments.

Oberhalb des Ortes führt die Brücke des **Lago Pigo** über den Nervia, der fast über fünf Jahrhunderte die Grenze zwischen den verschiedenen Herrschaftsgebieten darstellte. Der Schwefelsäuregeruch, der von der nahen Thermalquelle herrührt, erklärt den Ursprung des lateinischen Namens Lacus Putidus.
Kurz danach erblickt man die Kirche Santa Maria Assunta, die aufgelassen wurde. Wahrscheinlich entsprang früher in ihrer Nähe eine Wunderquelle, was dazu führte, daß bereits sehr früh viele Menschen diesen Ort aufsuchten. Dieser Kult knüpft an einen heidnischen Fruchtbarkeitskult an, der zur Zeit der römischen Kaiser sehr verbreitet war. Die erhöhte Lage, die günstige Sonneneinstrahlung (und damit das Leben), das Vorhandensein von Bäumen und ihre symbolische Bedeutung als lebenswichtige Elemente (Luft, Feuer, Wasser, Erde) ließen diesen Ort zu einem heiligen Ort werden.

Buggio und der Torraggio

Ausgangs- und Zielort:
PIGNA

Voraussichtliche Dauer des Ausflugs:
15 KM BIS NACH COLLA MELOSA

6 STD.

Der erste Teil dieses Ausflugs kann mit dem Auto zurückgelegt werden (bis Colla Melosa), dann geht es zu Fuß weiter. Bis in 400 Meter Entfernung von Buggio muß man sich immer links halten. Der Monte Torraggio ist in botanischer Hinsicht von besonderer Bedeutung. Folgt man den Schildern in Richtung Carmo Langan, erreicht man auf der Landstraße den Paß. In der Nähe des Restaurants Rifugio hat der CAI von Bordighera einen alpinen botanischen Garten eingerichtet, der unsere Aufmerksamkeit verdient. Vom Paß aus biegt man nach links ab und erreicht dann die Melosa. Man folgt der Straße circa einen Kilometer und trifft dann bei der ersten Straßenwindung auf einen Brunnen. Links geht ein Weg ab, der nach einem Tal eine Linkskurve macht und unter dem Lärchenwald verläuft. Er führt zum Sentiero degli Alpini (dem Weg der Gebirgsjäger), und nach dem Südhang des Monte Pietravecchia geht er im Vallone d'Incisa an der gleichlautenden Schlucht vorbei. Nach dem Osthang des Monte Torraggio durchquert er das letzte felsige Stück des Tales.
Die Rückkehr ist auch über die französische Seite möglich. In diesem Fall windet sich der Weg durch die Lärchen und kommt am Gebirgskamm zwischen dem Monte Pietravecchia und dem Grai heraus. Der Sentiero degli Alpini, der aus militärischen Gründen angelegt wurde (1936–38), ist eine schwindelerregende Angelegenheit; es handelt sich um einen ein bis zwei Meter breiten Eselspfad zwischen den Felsen, der an einigen Stellen an tiefen Abgründen vorbeiführt. Sehr schön und sehr dunkel (Taschenlampe mitnehmen) ist die Grotta dei Rugli. Es ist ein kurzer, aber um so intensiverer Ausflug. Man erreicht die Grotte in einer halben Stunde von der Piazzetta in Buggio aus. Eine Metallleiter erleichtert den Aufstieg. Sie ist von einer anderen Leiter getrennt, die zwölf Meter in die dunkle Tiefe zum ersten phantastischen Gang führt. Die unbewegliche Wasseroberfläche ähnelt einem Spiegel.

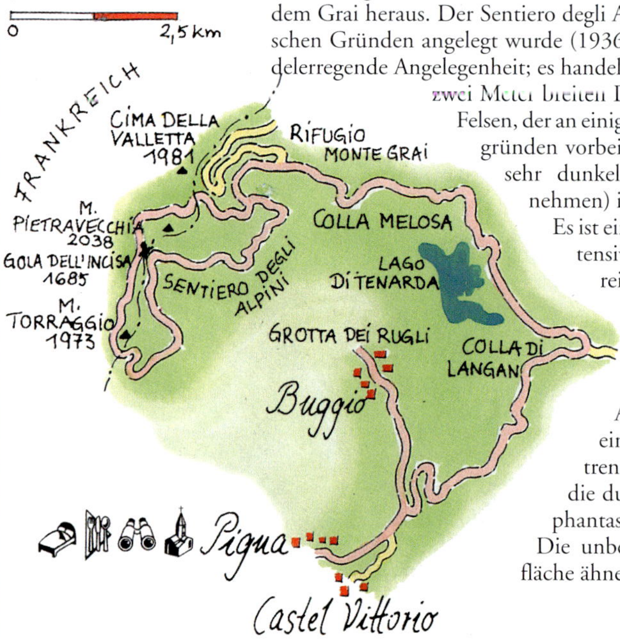

Nach der Kirche führt ein alter steiler und kurvenreicher Weg (zwei Kilometer) nach **Castel Vittorio**. Man gelangt dorthin auch über die Landstraße, wenn man sich rechts hält und durch das Gehölz läuft.

Der Ort war über mehrere Jahrhunderte hinweg eine Festung der Genueser und hieß Castelfranco; er erinnert mit dem Namen an die Befreiung von den Feudalpflichten gegenüber den Grafen von Ventimiglia. Über dem höchsten Punkt thront ein einsamer Kirchturm, mitten auf einem kleinen Platz, umgeben von alten Häusern mit rissigen Mauern, die im Lauf der Jahrhunderte schwarz geworden sind. Gegenüber liegt die Pfarrkirche Santo Stefano mit ihren barocken Formen. Interessant ist die Seitentür der Kirche mit den innenliegenden Schieferpfosten, die mit phantasievollen Schmuckmotiven als Basrelief gearbeitet sind: wilde Tiere, Ochsenschädel, Füllhörner, die Reichtum und Überfluß symbolisieren.

Die kleine Gasse, verdeckt durch ein Tonnengewölbe, mündet durch die nüchterne mittelalterliche Porta Communis in die Piazza XX Settembre, die sich außerhalb der alten Stadtmauer befindet. Das rote Kreuz auf dem weißen Untergrund des Genueser Wappens ist in den Stein des Tragbalkens eingeprägt, um einmal mehr auf die Bindung an die Republik hinzuweisen. Weitere vier Tore in der Mauer aus dem 17. Jahrhundert geben den Zugang zum Ort frei, der sich vom ursprünglichen Gebiet elliptisch ausgebreitet hat; der Teil in der Nähe des Oratoriums von Santa Caterina kennzeichnet nachhaltig das Gesamtbild. Der Ort rief ein Fest mit einem merkwürdigen Namen ins Leben: die Sagra dei Peti de

TIPS & INFOS

Ausführliche Informationen finden Sie auf Seite 103f.

CASTEL VITTORIO

28 km von Ventimiglia
Einwohner: 579
Höhe: 420 m ü.d.M.
Postleitzahl: 18030
Vorwahl: 0184

ESSEN

Osteria del Portico
Via Umberto I, 6
Tel. 24 13 52
Montags geschlossen

Eine Gesamtansicht von Castel Vittorio, das über mehrere Jahrhunderte eine genuesische Festung gewesen ist.

Nostra Signora di Nogareto, erbaut von den Benediktinermönchen an einem bereits zu Zeiten des Heidentums heiligen Ort. Später wurde sie der Himmelfahrt Marias geweiht.

Munega (wörtlich in etwa: »Nonnenfürze«; ein Gebäck). Vielleicht kommt der Name daher, daß die Flatulenz der Nonnen mild ist, wie die nach Zitronen duftenden Teigstreifen, die fritiert und gezuckert werden, oder aber es handelt sich um eindeutige Ironie für die »Bräute Christi«, die bereits die Crux stolae innerhalb der Klostermauern mißachteten, wo Unregelmäßigkeiten und lockere Moral nicht selten waren. Der Volksmund machte sich seinen respektlosen Vers darauf: »Muneghe de Sant'Agustin/due teste in scìu cuscin/muneghe de San Grigìeu/quattro gambe suttu i lenzeu« (in etwa: Schwestern von Sant'Agostino/zwei Köpfe auf dem Kissen/Schwestern von San Giorgio/vier Beine unterm Laken). Wer sich für gastronomische Spezialitäten interessiert, kann seine Neugier befriedigen und das Gebäck in der Osteria del Portico verlangen (Vorbestellung nötig). Sie bilden den delikaten Abschluß der lokalen Küche, die in den Töpfen der Signora Allavena weiterlebt.

Die Pfarrei wurde im 15. Jahrhundert wieder aufgebaut und in der Barockzeit restauriert. Die Fassade wird von kleinen Türmen überragt.

Nachdem man aus dem Fenster der Osteria einen Blick auf das wunderschöne Tal geworfen hat, das eingebettet zwischen bewachsenen Hängen liegt und über dem die Berge Pietravecchia und Torraggio thronen, können wir bis **Isolabona** weiterfahren, wo die Wallfahrtskirche Nostra Signora delle Grazie einen Aufenthalt wert ist. Sie liegt bergabwärts links. Der schlanke dorische Portico aus dem siebzehnten Jahrhundert ersetzt den mit Fresken von Giovanni Cambiso bemalten Portico, der ein Jahrhundert vorher fertiggestellt wurde. Der neoklassische Giebel ist etwas ungewöhnlich und ähnelt einer künstlichen Kulisse, die die äußere Schlichtheit des Gebäudes verhüllt.

Einige Kilometer trennen uns von **Apricale**, das sofort nach einer Kurve auftaucht. Es wird von der Sonne beschienen (apricus, sonnig) und liegt zwischen Olivenwäldern, die die Hügel hinaufwachsen. Ein Anblick, den man nicht so schnell vergißt. Drei Tore mit Spitzbogen und Steinangeln, die noch gut erhalten sind, verschließen den Zugang zur Mauer. Auf dem Pfosten eines dieser Tore (in der Via Roma) schrieb eine verzweifelte Hand, von Pest und Hungersnot gezeichnet, in den Stein: »Fames ubique«.
Etwas unterhalb des Ortes liegt die alte Kirche. Es handelt sich um die Chiesa di Santa Maria Alba (13. Jahrhundert). Sie befindet sich in der Nähe einer alten Quelle, die als heilbringend angesehen wurde. Schön und von unbekannter Hand geschaffen sind die Fresken aus dem 15. bis 16. Jahrhundert, und auch der aus Holz geschnitzte Altar mit den Engeln ist es wert, erwähnt zu werden. Der historische Ortskern liegt oben auf dem Hügel. Eine ungewöhnliche Ehrenwache sind die Fresken auf den Mauern der steilen Gassen, die von unbekannten Malern geschaffen wurden und sich hauptsächlich mit dem Landleben befassen. Die Fresken begleiten den Besucher auf seinem Weg zu Plätzen oder schönen Gassen; im Juli wird ein Großteil davon zu einer außergewöhnlichen Bühne für die Vorstellungen des Teatro della Tosse, die den Zuschauer auf eine Reise in eine phantastische, fast verlorene Vergangenheit mitnehmen.
Die »Antichi Statuti di Apricale«, die die Regeln für das Leben in der Gemeinschaft festhalten, zeigen den kulturellen Stellenwert der Stadt. Es handelt sich um die ältesten ihrer Art in Ligurien; sie wurden 1267 ausgearbeitet und später ergänzt. Sie sind ein wichtiges Dokument im Hinblick auf Recht, Sprache und Geschichte. Das Original wird im Palazzo Comunale aufbewahrt, einem Gebäude mit modernen Fresken, in dem auch das Fremdenverkehrsamt und der Sitz der Comunità Artistica Nervina untergebracht sind. Unter dem Hauptgesims befindet sich das Wappen des Ortes. Im ovalen Format erscheint unter einem Eichen- und einem Olivenzweig ein Segelschiff. Es ist eine originelle und ungewöhnliche Wahl für jemanden, der weit vom Meer entfernt ist und eher in die Berge gehört, wenn nicht die Lieferungen an die Schiffswerften in Genua die Verbindung herstellen würden. Der Palazzo Comunale ist ein Teil der Piazza Vittorio Emanuele, die weiträumig angelegt wurde.

TIPS & INFOS

Ausführliche Informationen finden Sie auf Seite 98

APRICALE

13 km von Ventimiglia
Einwohner: 546
Höhe: 273 m ü.d.M.
Postleitzahl: 18030
Vorwahl: 0184

Informationen
Municipio
Via Roma, 41
Tel. 20 81 26

ESSEN

A Ciassa
Piazza Vittorio Emanuele II, 2
Tel. 20 82 80
Montagabend und dienstags geschlossen

HANDWERK

Kunsthandwerkliche Arbeiten aus Holz
Luigi Aldo Zagni
Via IV Novembre

Eine naive Wandmalerei, die die Fassade eines bäuerlichen Gebäudes in Apricale verschönt.

Die äußeren Mauern des Kastells sind Bestandteil einer »bewegten« Architektur. Der untere Teil eines viereckigen Turmes wurde zum Fundament des Kirchturms aus dem 16. Jahrhundert, und die Pfarrkirche Purificazione di Maria Vergine hat ihre Wurzeln im Spätmittelalter, wurde aber im wesentlichen im vergangenen Jahrhundert restauriert. Der Mosaikboden wurde von Gian Battista Tamagno aus Apricale angefertigt. Etwas tiefer befinden sich Säulengänge, alte Häuser und ein charakteristischer Brunnen, der wahrscheinlich vor der Renaissance entstanden ist. Wenn man wieder hinaufsteigt, sieht man gegenüber der Pfarrkirche das Oratorium von San Bartolomeo, das einen Flügelaltar aus dem Jahr 1544 mit einer Darstellung des Heiligen enthält. Am 8. September, dem Fest von Maria Geburt, feiert man auf dem wunderschönen Platz, wo Pansarole zubereitet werden. Eine große Pfanne mit zischendem Öl dient der Zubereitung einer großen Menge rautenförmig geschnittenen Teigs. Über die fritierten Teigstücke wird Zucker und Anis gestreut, und das Gericht wird mit einer kleinen Schale Zabaione gereicht. Eine Köstlichkeit, die die kleine Trattoria »A Ciassa« unter dem Kastell immer wieder zubereitet (bei der Reservierung nachfragen).

Wir nehmen die Straße, die den Ort in Richtung Osten verläßt (wir sind auf der gegenüberliegenden Seite angekommen), fahren in Richtung Perinaldo und gehen durch Olivenhaine hinab in das Tal Valletta del Rio Merdanzo, einem Nebenfluß des Nervia. Wir gehen am Fluß entlang, überqueren ihn und steigen dann am anderen Ufer durch Wald und Weinberge hinauf.

Oben gehen wir um den Kamm herum und befinden uns (nach etwa acht Kilometern) auf dem höchsten Punkt des Valle Crosa, eines geschlossenen und engen Tales. Das Klima, das durch die Nähe des Meeres begünstigt wird, ist mild und für den Blumenanbau geeignet, der den Olivenanbau fast verdrängt und den Weinanbau ersetzt hat. Glücklicherweise gibt es einige Ausnahmen davon.

Baiardo, einsamer Ort auf 910 m Höhe, bietet dem Besucher Stätten von einzigartiger Schönheit. Ein Beispiel sind die Ruinen der Chiesa di San Niccolò, die von einem Erdbeben 1887 zuerstört wurde und eine ganz eigene Faszination ausübt. Auf dem Foto oben sieht man eine Gesamtansicht. Unten ist eine Säule abgebildet.

Baiardo

Ausgangs- und Zielort:
APRICALE

Länge:
26 KM

Voraussichtliche Dauer des Ausflugs:
2 STD.

Von Apricale führen dreizehn Kilometer mit Serpentinen durch eine wunderschöne Flora auf 910 m Höhe nach Baiardo, das auf Besucher einen etwas verschlafenen Eindruck macht. Der Ort scheint zwischen den Wolken zu liegen. Oben auf dem Hügel verrät uns Strabo: »Für die Verehrung des Gottes Abelio stand ein großer Tempel mit einem Steinaltar zur Verfügung.« Vielleicht stand dieser Tempel gerade an der Stelle, an der heute die Überreste der Chiesa di San Niccolò liegen, die vom Erdbeben 1887 zerstört wurde. Oben spricht es sich in der Tat besser mit den Gottheiten, und dieser Ort eignet sich gut für die Riten der Druiden, für den Zauber und die Magie alter heidnischer Zeremonien.
Etwas Zauberei und Mystik kommt auch auf bei der Betrachtung des ungewöhnlichen Kapitells, auf einer äußeren Säule ohne Verbindung zur Kirche, mit einem orientalisch anmutenden Gesicht mit großem Schnurrbart. Man erschauert, wenn man einen Blick auf den alten Palazzo dei Conti di Baiardo mit seinen zerklüfteten Zinnen und den verrosteten Gittern wirft. Ebenso beeindruckend ist der Blick vom Aussichtspunkt hinter der Kirche – ein grandioses Bergszenario. Im Norden geht es weiter mit dem Saccarello, dem Frontè, dem Ceppo und dem Cavanelle.
Wir lassen die Kirche hinter uns und begeben uns in die engen Gassen. Wir bewundern die charakteristischen Winkel des Orts. Außerhalb der Porta Saracena, im modernen Teil, befindet sich die Pfarrkirche, die nach dem Erdbeben erbaut wurde. Auf dem Platz mit der schönen Aussicht wird immer noch an Pfingsten die »Festa della Barca«, eine folkloristische Veranstaltung, gefeiert. Es handelt sich um ein Bühnenstück mit Gesang und Tanz, das eine tragische Liebesgeschichte erzählt. Damals verkaufte man das Holz aus den Wäldern an die Republik Pisa, die daraus schnelle Galeeren baute; bei einer dieser Gelegenheiten entflammte der Funke der Leidenschaft das Herz der Tochter eines grausamen Lehnsherrn, die sich in einen jungen Seemann verliebte. Sie entschloß sich, Haus und Hof zu verlassen und mit ihm in See zu stechen. Als der Vater sah, was geschehen war, verfolgte er die Liebenden. Er erreichte sie am Passo Ghimbegna und zerstörte die Idylle, die er nicht billigte, durch den Tod. Die Kiefer, die mitten auf dem Platz wächst, ist zugleich ein choreographisches Element und ein Symbol für den Mastbaum des Schiffs aus Pisa, mit dem die Liebe des jungen Mädchens für immer verschwand.

TIPS & INFOS

Ausführliche Informationen finden Sie auf Seite 113

PERINALDO

8 km von Apricale
17 km von Ventimiglia
(direkt in das Valle Crosa einbiegen)
Einwohner: 887
Höhe: 572 m ü.d.M.
Postleitzahl: 18030
Vorwahl: 0184

Informationen

Gemeinde
Piazza Sant'Antonio, 1
Tel. 67 20 01/67 23 51

ÜBERNACHTEN

Albergo La Riana
Corso Genova, 12
Tel. 67 20 15

EINKAUFEN

Öl

Castello di Perinaldo
Piazza Castello, 1
Tel. 63 23 46
Ventimiglia
c/o Sylvie
Via Cavour, 45 A
Tel. 35 63 07

Perinaldo baut weiterhin einen Teil der Taggiasca an, einer Olivensorte, die von den Franziskanermönchen 1640 eingeführt wurde. Es handelt sich um eine gute Qualität, die Vermarktung ist jedoch nicht weiträumig genug strukturiert. Es lohnt sich, in Perinaldo die terrassenförmige Piazza del Municipio anzuschauen; von dort führen Stufen hinauf zur Pfarrkirche San Niccolò, einem Gebäude, das 1489 erbaut und im 18. Jahrhundert renoviert wurde. Unten an den Stufen befindet sich ein kleiner Steinpfeiler mit der Bezeichnung U Pè de Maggiu (vielleicht eine Verunstaltung der italienischen Form »Piede dell'Omaggio«, was auf eine Ehrbezeugung verweist). Der Graf Doria soll seinen Hut dort abgelegt haben, bevor er die Kirche betrat. Die Leute, die dort vorbeikamen, grüßten den Hut aus Ehrfurcht vor dem Herrscher. Die weite Außenfront hat drei Türen, jeweils eine pro Schiff. Die Türen werden von schwarzen Steinsäulen mit kubischen Kapitellen unterteilt, die die gotischen Bögen zu unterstützen scheinen. Mittelalterliche Elemente sind hier kombiniert mit barocken Kapellen, Altären und Dekorationen. Gian Domenico Cassini, der hier 1625 geboren wurde, hat Perinaldo zu großem Glanz verholfen. Er wurde Astronom und hatte einen erfüllten beruflichen Werdegang: ein Lehrstuhl in Bologna, die Sonnenuhr von San Petronio in Bologna, wichtige Erkenntnisse über Planeten, wissenschaftliche Veröffentlichungen und die Leitung der Sternwarte in Paris, wohin er von Ludwig XIV. berufen wurde. In der Casa Maraldi in der gleichlautenden Straße werden Reste der astronomischen Geräte aufbewahrt und eine gut bestückte Bibliothek mit wissenschaftlichen Werken, seltenen Texten und Manuskripten.

Hier sieht man nochmals ein Kapitell der Chiesa di San Niccolò.

Die Ruhe, die Heiterkeit und die Trägheit des Bergortes weichen einmal im Jahr einem großen Fest, das der *Ra Meesana,* d. h. gefüllte Kürbisblüte, gewidmet ist; auf den gepflasterten Wegen des Ortes folgt eine kulinarische Etappe der anderen. Eine Via Crucis führt durch den Ort. Die Musik besänftigt die lebhafteren Besucher. Weiter geht es in Richtung Meer über den Hügel hinunter, in eine Landschaft, die von stolzen und hohen, alten und schiefen Bäumen gekennzeichnet ist, von Flechten und den kuriosen Formen des allgegenwärtigen Olivenbaums. Im Tal angekommen, finden wir Blumenzucht und einige Weinstöcke. In den siebziger Jahren haben viele die Weinstöcke mit einträglicheren Dingen wie der Blumenzucht, vor allen Dingen Rosen, Mimosen und Ginster, vertauscht.
Soldano dagegen ist ein gutes Gebiet für den Rossese di Dolceacqua, und die reichliche Produktion beweist das. Enzo Guglielmo, ein örtlicher Weinbauer, kann das bezeugen: Er bemüht sich seit vielen Jahren um Qualität. Seine äußerst gepflegten Weinstöcke befinden sich in der Lage I Pini. Durch seine Position, die Zusammensetzung des Bodens und die Lage in Meereshöhe scheint sie ganz ausgezeichnet für den Weinanbau geeignet zu sein.
Der Ort selbst liegt auf einem zum Fluß Verbone abfallenden Hügel und hat einen alten Kern neben einem langen Platz, auf dem die Pfarrkirche San Giovanni Battista steht. Die Kirche hat barocke Formen und zwei seitliche Säulengänge. Eine Anekdote erzählt, wie der hölzerne Christus aus einem Baumstamm geschnitzt wurde, der aus dem Wald des Ortes stammt. Mit der Schnitzarbeit beauftragte man einen bekannten Künstler aus Mailand. Der Stamm wurde aufgeladen und nach Mailand gebracht. Dem Künstler wurden die Eigenschaften erläutert, die das Werk haben sollte, und als dieser gewissenhaft fragte: »Wollt ihr den Christus tot oder lebendig?«, wurde ihm geantwortet: »Macht ihn lebendig, wenn wir ihn tot wollen, bringen wir ihn um.« Bauernschläue! Das Oratorium, mit dem der Platz im Süden abschließt, hat ein schönes Portal aus Schiefer, in das die Jahreszahl 1594 eingearbeitet wurde.
In **San Biagio** duftet die Luft nach Rosen und hie und da nach Pfirsichblüten. Ein kleines Stück zu Fuß bringt uns zum höchsten Punkt des Hügels von Santa Croce. Von dort oben können wir das Meer mit seinen Buchten sowie Ventimiglia, Vallecrosia und Bordighera erblicken.

TIPS & INFOS

Ausführliche Informationen finden Sie auf Seite 120f.

SOLDANO

15 km von Apricale
10 km von Ventimiglia
(über das Valle Crosa)
Einwohner: 622
Höhe: 77 m ü.d.M.
Postleitzahl: 18030
Vorwahl: 0184

Informationen

Municipio
Corso Verbone
Tel. 28 90 37

ESSEN

Osteria di Soldano
Corso Verbone, 61
Tel. 28 90 06
Dienstags geschlossen

WEINKELLEREIEN

Enzo Guglielmi
Corso Verbone, 143
Tel. 28 90 42

Giuseppe Pippo Viale
Corso Verbone, 8
Tel. 28 90 04

TIPS & INFOS

Ausführliche Informationen finden Sie auf Seite 117

SAN BIAGIO

8 km von Ventimiglia
Einwohner: 833
Höhe: 100 m ü.d.M.
Postleitzahl: 18030
Vorwahl: 0184

Unsere Adreßempfehlungen finden Sie auf Seite 117.

TIPS & INFOS

Ausführliche Informationen finden Sie auf Seite 122

VALLECROSIA

2 km von Ventimiglia
Einwohner: 7832
Höhe: 0
Vallecrosia Alta 25 m ü.d.M.
Postleitzahl: 18019
Vorwahl: 0184

Museen

Museo della Canzone
Für die Besichtigung muß man sich an das Ristorante Da Erio wenden

ÜBERNACHTEN

Albergo Piccolo Paradiso
Passeggiata Marconi, 103
Tel. 29 55 23

ESSEN

Giappun*
Via Maonaira, 7
Tel. 25 05 60
Mittwochs geschlossen
Pesce Spada
Via San Vincenzo, 108
Tel. 29 02 82

EINKAUFEN

Süßigkeiten

Pasticceria Adriana
Via Aprosio, 201

Im Norden verändern sich die Hügel, sie werden höher und nehmen die strenge Gestalt der Seealpen an. Auf den Wiesen unterhalb der Olivenbäume wachsen wilde Anemonen, Veilchen, Ranunkeln, Ginster und Hyazinthen.

Auch hier finden wir die Wahlheimat des Rossese di Dolceacqua, der allerdings teilweise den berühmten Rosen Baccarà, Dallas, Royal Red, Omega und vielen anderen weichen mußte. Der Profit hat praktisch den berühmtesten der ligurischen Weine zum Tod verurteilt, auch wenn es scheint, daß sich in den letzten Jahren einiges geändert hat.

Am Ufer des Verbone entlang kommt man nach **Vallecrosia Alta**, einem allmählich verfallenden Ort. Linker Hand befindet sich oben auf einem Felsvorsprung einer der fünf Verteidigungstürme aus dem 16. bis 17. Jahrhundert. Nur wenige Schritte sind es von dort in das Ristorante »da Erio«. Die Leidenschaft des Besitzers, Signor Tripodi, für den Gesang hat dazu geführt, daß er in einigen alten Eisenbahnwaggons, die auf Originalgleisen stehen, neben dem Restaurant ein einzigartiges Gesangsmuseum eingerichtet hat.

Die Luft beginnt nach Salz zu riechen, und die Attraktionen des mittlerweile nahegelegenen Meeres sind ausgesprochen verführerisch. Die Sonne und das Meer enttäuschen nicht einmal im Winter und bescheren dem verwunderten Reisenden eine »Neuauflage des Sommers« mitten in der kalten Jahreszeit. Das Klima ist mild und reich an strahlenden Sonnentagen.

Ein Ort, der seine Versprechen hält, ist **Bordighera**, die Stadt der Palmen. Die Palme und der Olivenzweig, das Symbol für Ostern, das wir in dieser Gegend so häufig finden, hängt mit der Tradition zusammen. Eines Morgens im Jahr 1586 wurde am Petersplatz in Rom beschlossen, den ägyptischen Obelisk aus rotem Granit hochzuheben; Papst Sixtus V. hatte unter Strafandrohung verboten, darüber zu sprechen; es entstand ein unwirkliches Schweigen, als die angespannten Bänder zu knirschen begannen und nachgaben. »Aigua ae corde« (Wasser für die Bänder), rief Giovanni Bresca, ein scharfsinniger Seemann aus Sanremo, dem sofort Gehör geschenkt wurde. Das Wasser verkürzte die Seile und behob den Schaden. Die Arbeit konnte beendet werden. Bresca wurde nicht nur verziehen, daß er das Schweigen gebrochen hatte, sondern er wurde auch ausgezeichnet und zum Kapitän der päpstlichen Flotte ernannt. Er genoß dadurch das Privileg, auf seinem Schiff die Flagge

des Papstes hissen und die weißen Palmzweige (i palmureli) von Bordighera an Ostern zum apostolischen Palast liefern zu dürfen.
Die Geschichte des Ortes an der Riviera beginnt mit einer mittelalterlichen Siedlung, die mit der Klause von Sant'Ampelio verbunden war. Sie geht weiter mit 31 Familien aus Borghetto, die 1470 die neue Stadt in Burdigheta gründeten (das heutige Bordighera Alta). Sie schützten den Ort mit bis zu sieben Meter hohen Mauern, bauten fünf Bastionen und einen Wehrgang, dazu zwei Eingangstore, die Porta Soprana und die Porta Sottana, sowie im 17. Jahrhundert die Porta Nuova in barockem Stil.
Die Feinde waren nicht nur grausame und wilde sarazenische Piraten, die die Stadt mehrmals angriffen, sondern auch die Savoyer mit ihrer Expansionspolitik

Die Klause von Sant'Ampelio in Bordighera.

und die Grafen von Ventimiglia, zu denen der Ort gehörte. Die Auflehnung gegen deren Herrschaft war erfolgreich, und der Senat der Superba erlaubte den Zusammenschluß mit anderen Orten in der bereits erwähnten Communitas Locorum Octo. Das Oratorium von San Bartolomeo degli Armeni, in der Nähe der Porta Soprana, war der Versammlungsort der Vertreter der acht Gemeinden, die die Magnifica Comunità gründeten.
»Da riviera a l'è a perla presiusa, ina cunchia lusgente... Cùn u sò clima delisiusu cùn a bunasa du sò ma e cùn incantu melodiusu, a fa tutti inamurà...« (Es ist eine wertvolle Perle der Riviera, eine schillernde Muschel... Mit seinem angenehmen Klima, der Stille des Meeres verzaubert es alle). So wird Bordighera in einem Gedicht

TIPS & INFOS

Ausführliche Informationen finden Sie auf Seite 100ff.

BORDIGHERA

4 km von Ventimiglia
Einwohner: 12048
Höhe: 45 m ü.d.M.
Postleitzahl: 18012
Vorwahl: 0184

Informationen

Azienda di Promozione Turistica
Via Roberto, 1
Tel. 26 23 23

Museen

Bicknel
Via Romana, 17 bis
Tel. 26 36 01

Giardino esotico Pallanca
Via Cornice dei due Golfi, 16
Tel. 26 63 47

ÜBERNACHTEN

Albergo Bordighera Terminus
Corso Italia, 21
Tel. 26 12 80/26 57 27

Hotel Michelin
Via Primo Maggio, 29
Tel. 26 62 18

ESSEN

Caranca
Lungomare Argentina, 1
Tel. 26 12 92
Mittwochs geschlossen, im Sommer immer geöffnet

Carletto**
Via V. Emanuele, 339
Tel. 26 17 25
Mittwochs geschlossen

Michelin*
Via Primo Maggio, 29
Tel. 26 62 18
Montags geschlossen

A Tartana
Via V. Emanuele, 62
Tel. 26 13 92
Sonntags geschlossen

La Via Romana*
Via Romana, 57A
Tel. 26 66 81
Mittwochs geschlossen

KAFFEE, APERITIF, SANDWICH

Wine Bar
Il Colombiano
Via V. Emanuele, 211

Cavetu club
Corso Rossi, 1

EINKAUFEN

Eis

Bar Atù
Lungomare Argentina, 30

Bar G.P.
Corso Italia, 14A

Pisciarà, Focaccia, handwerkliche Erzeugnisse

Gastronomia Ligure
Via Regina Margherita, 52

Panetteria Valente
Via Bastioni, 105

beschrieben, und sicher haben es die Engländer, die sich in großer Zahl hier niedergelassen haben, genauso gesehen. Davor und danach haben Schriftsteller, Dichter, Heilige und Königinnen die Gastfreundschaft genossen. Darunter war auch Königin Margherita, die mehrmals in der herrlichen Villa in der Via Romana 36 zu Gast war. De Amicis lebte lange hier, und Giovanni Ruffini widmete Bordighera unvergeßliche Seiten des *Dottor Antonio*, eines Romans, der auch für den Tourismus werbewirksam war.
Die Bedeutung des Romans liegt in der friedlichen »Kolonialisierung« des Städtchens (am Ende des Jahrhunderts überstieg die Zahl der Fremden die der Einheimischen) durch eine Reihe gut genährter Nachkömmlinge von Albion. Die Engländer genossen die Sonne, die gute und salzhaltige Luft, die Naturschönheiten und das angenehme Klima und hinterließen ihrerseits dafür Kultur und guten Geschmack. Wenn Ventimiglia an den großzügigen Thomas Hanbury erinnert, so war es hier Clarence Bicknel, der ein Erbe an historischen und naturwissenschaftlichen Studien- und Forschungsergebnissen mit dem Museum weitergegeben hat, das seinen Namen trägt.
Ein großer Teil des Reichtums von Bordighera ist die reichhaltige Vegetation. Der Giardino Esotico in der Via Cornice dei due Golfi sticht besonders hervor. Die Leidenschaft für sukkulente Pflanzen hat vor fünfzig Jahren dazu geführt, daß Herr Pallanca einen botanischen Garten anlegte, in dem heute gut 3250 Arten aus aller Welt wachsen.
Die Altstadt liegt in einem Park mit Kiefern. Im Westen befindet sich die Piazza De Amicis mit der Gemeinde-

verwaltung und dem Marmorbrunnen, der als Magiargè bezeichnet wird und ein Geschenk der Leute von Bordighera an die wunderschöne Sklavin Ziadatalè gewesen ist. Der Sarazene Boabil liebte diese Sklavin sehr, die genau in dem Moment starb, als der unerschrockene Pirat mit Erfolg die Stadt angriff; er war verzweifelt, hörte auf zu kämpfen und ließ die angebetete Schöne an der Küste begraben. Seit jenem Tag gab es aus Rücksicht auf den Ort, an dem die junge Frau begraben war, keine Angriffe mehr.

Am Meer, in Richtung der kleinen Kirche von Sant' Ampelio in den Giardini del Marabutto, über der Via Aurelia, befinden sich die drei Kanonen der alten Küstenbatterie, die von den Einheimischen vertraulich als Butafoego, Tiralogni und Cagastrasse bezeichnet werden.

Auf den Felsen des Kaps wo, nach der Legende, der Eremit Ampelino auf der Suche nach Einsamkeit an Land kam, gibt es einen kleinen christlichen Tempel, dessen Krypta im frühromanischen Stil erbaut wurde. Die folgenden Phasen sind romanisch und mittelalterlich beeinflußt. Das 17. Jahrhundert hat den Tempel ebenso geprägt wie die Umbauten des vergangenen Jahrhunderts. Der Einsiedler kam aus Oberägypten und brachte einen Sack Datteln mit (die späteren Palmen) und eine gewisse Erfahrung im Fischfang; er richtete sich in einer Höhle ein, in der er 428 einsam starb. Er ist der Schutzpatron der Fischer und wird am 14. Mai gefeiert.

Die geographische Lage des Ortes, das heißt Meer und Hügel, führten dazu, daß die Wirtschaft hauptsächlich von Fischfang und Landwirtschaft getragen wurde. (Heute ist er, nach der Einführung von Blumenzucht und Tourismus, nur mehr von marginaler Bedeutung.) Die Küche bringt Fisch und Gemüse auf den Tisch. Fisch wird begleitet von Artischocken, Zucchini, Kartoffeln, Spargel, Auberginen, Tomaten. Einladend und appetitlich werden Seebarsch, Steinbutt, Seebarbe, Seehecht, Oktopus, Calamari und alles, was sonst noch im Netz gefangen wird, serviert. Geschickte Köche verwandelten den Fisch in feine Gerichte.

Der Giardino Pallanca (siehe auch Fotos S. 48), ein kleines exotisches Paradies in Bordighera, das auch besichtigt werden kann.

Ein Leitfaden

Geschichte der Oliven

Olea prima omnium arborum est
Lucius Iunius Columella

Der Olivenanbau ist ein wichtiger Bestandteil der westligurischen Landwirtschaft. Ganze Generationen haben sich dem Anbau gewidmet. Es entstanden Gewohnheiten, Gebräuche, Arbeits- und Meßgeräte, und die Landschaft wurde ebenfalls davon gezeichnet. Die Oliven haben in Ligurien ihre Karriere ganz unten begonnen. Sie wurden an den Rand der Grundstücke gepflanzt und als Umzäunung verwendet. Damals nahm man tierische Fette, und auf dem Land waren hauptsächlich Getreide und Gemüse gefragt. Eine Urkunde aus dem Jahr 1049, mit der die Gräfin Adelaide di Susa an die Benediktiner Grund abtritt, enthält trotz der ausführlichen Beschreibung über Anbau und Besitz keine Angaben über Oliven. Andere Unterlagen aus dieser Zeit erwähnen Weizen, Malz, Feigen und Weintrauben, aber kein Öl. Andererseits erhielt der Bischof von Genua 979 eine Petition von den Pächtern der Grundstücke in San Romolo, Taggia und Ceriana, die dauerhaft den Grund »ohne die Olivenhaine« pachten wollten. Ferne und ungewisse Wurzeln also. Während der Kreuzzüge weist die Tradition auf eine Verbindung zwischen Ligurien und den Oliven hin, die Fakten belegen aber eher das Gegenteil. Wir können aber sicherlich den Benediktinern die Verbreitung zuschreiben und vor allen Dingen die Rationalisierung des Anbaus, wie zum Beispiel das Anlegen von Terrassen. Sie verstanden die Kunst so gut, daß die Landschaft und die bäuerliche Kultur entscheidend davon geprägt wurden. Die Mönche trugen auch zur Verbesserung der Qualität bei und haben die Sorte »Taggiasca« gezüchtet, die wahrscheinlich aus Setzlingen oder durch Veredelung von Sorten aus Cassino während der Kolonialisierung der Benediktiner in Taggia entstanden ist. Bei einigen handelt es sich um Klone des »Frantoio-Anbaus«. Die Besonderheit hängt aber auch von Umweltfaktoren ab. Wenn diese sich ändern, ändern sich auch die Ergebnisse. Das Öl aus der »Lavagnina«, einer Sorte, die in Ostligurien angebaut wird und der »Taggiasca« ähnelt, ist in ihren organoleptischen Eigenschaften anders und wird weniger geschätzt.

Die Olivenproduktion hatte ihren Aufschwung im 16. Jahrhundert und gewann große wirtschaftliche Bedeutung. Sie verdrängte sogar den Wein. Allmählich ging man zur Monokultur über, und am Ende des 19. Jahrhunderts begann die Krise. Der Olivenanbau brachte keinen Ertrag mehr, da die Verarbeitungskosten angesichts der niedrigen Kosten der anderen Anbieter stiegen. Sechshunderttausend Olivenbäume wurden zu Brennholz gemacht. Eine Katastrophe, der erst 1918 die Behörden ein spätes Ende setzten.

Heute erlebt dieser Schatz der Natur einen neuen Frühling. Die Wissenschaft hat die guten Eigenschaften des Olivenöls unterstrichen. Außerdem eignet es sich hervorragend zum Würzen. Es ist ergiebig und vielseitig verwendbar und hat dadurch schon unzählige Probleme bei der Konservierung verschiedener Speisen gelöst. Es ist hell, kann zu Balsam werden, fettet, wird seifig, schmiert und findet auch in der Medizin und der Kosmetik Anwendung.

Der Anbau der »Taggiasca« erfolgt vor allem in der Provinz Imperia. Die Öle sind je nach Herkunft unterschiedlich. Sie stammen aus Pieve oder Ranzo, Lucinasco oder Borgomaro, Dolcedo oder Vasia, Badalucco oder aus vielen anderen kleinen Anbaugebieten in der Gegend von Diana und den Tälern Westliguriens, Perinaldo, Pigna, Apricale, Dolceacqua, Camporosso ... Die Pflanze verträgt keinen Nebel und keinen Frost, keine andauernde Dürre und keine kalten Nordwinde. Sie gedeiht gut auf den sonnigen Hügeln am Meer bis auf 600 und 700 Metern Höhe. Mit den Jahren wird der Baum krumm, die Krone lichtet sich, er nimmt merkwürdige Formen an und folgt den phantasievollen Anweisungen der Natur. Der Blütenstand erscheint im Frühjahr. Der Beginn der Ernte fällt mit der Färbung gegen Ende des Herbstes bis zum Januar zusammen, in einigen Gebieten geht die Ernte bis März/April weiter; danach ändert die Olive ihre Farbe, wird gelblich und dann violett. Das Abschlagen (mit einer langen Kastanienrute wird auf die Blätter geschlagen) ist schmerzhaft, aber notwendig, weil die »Taggiasca« auch im reifen Zustand hängenbleibt. Es ist also das kleinere Übel unter den Erntemethoden. Besser ist nur noch die manuelle Methode, die aber aufgrund der hohen Kosten nicht gewählt wird.

Der letzte Akt findet in der Ölmühle statt. Das Pressen kann auf verschiedene Art erfolgen. Die traditionellen Ölmühlen verwenden Mahlsteine (meistens Granit); die Stärke und die Rotationsgeschwindigkeit beeinflussen das Mahlen, das durch den Druck und das Reiben der Paste gegen den Gefäßboden noch begünstigt wird. Danach werden die »Fiscoli« (Beutel zum Auspressen der Oliven, Diaphragmen aus Pflanzenfaser oder Kunstfaser mit einem Loch in der Mitte) mit einer Dosiereinrichtung beschickt, die eine Schicht Paste von circa drei Zentimetern Stärke verteilt; sie werden dann auf einen Metallstab aufgespießt, wobei immer nach fünf Beuteln ein Abstand gelassen wird. Diese Trennung erfolgt durch eine Stahlscheibe, die ein gleichmäßigeres Pressen erlaubt. Die kalte Extraktion erfolgt durch die leichte Pressung der »Fiscoli« mit einer hydraulischen Maschine. Eine Vorrichtung trennt das Öl vom Wasser, und durch das Umschütten erfolgt die Trennung vom Ölschlamm, dem Rest. Es kann auch gefiltert werden. Dadurch werden dem Öl aber die aromatischen Substanzen entzogen. In den letzten Jahren hat das kontinuierliche System immer mehr Anhänger gefunden. Zentrifugen extrahieren und trennen die Komponenten der Paste. Man spart Arbeitskraft, es erhöht sich aber der Verbrauch an Strom und an Wasser. Außerdem schadet dieses Verfahren dem Duft und dem Geschmack des Öls.

Ausgangsort:
SANREMO

Zielort:
PORTO MAURIZIO

Länge:
170 KM

Voraussichtliche Dauer des Ausflugs:
4 TAGE

Von Sanremo nach Porto Maurizio

über Arma di Taggia, Taggia, Badalucco, Molini di Triora, Triora, Montaldo, Carpasio, Colle d'Oggia, Ville San Pietro, Conio, Borgomaro, Aurigo, Lucinasco, Pontedassio, Oneglia, Montegrazie und Dolcedo.

Abstecher nach:
PIEVE DI TECO UND BUSSANA VECCHIA

Im Herzen Westliguriens

Wälder, Olivenhaine und »Bàggiure«

Die zweite Reiseroute beginnt in Sanremo. Der Nervenkitzel von Roulette und Glücksspiel, der Lärm des Festivals, die Aufregung der Radrennfahrer vor dem Ziel: das sind mehr oder weniger die Merkmale, durch die die Stadt bei Journalisten und Touristen bekannt ist. Man lernt sie besser kennen durch die Blumen und die schöne Lage, Gaben aus dem Füllhorn der *Mater Matuta,* der Morgengöttin, die die Seefahrer beschützt. Die großzügigen Gaben verschönern diesen Ort, der zur Zeit der Römer Villa Matutiana hieß. Im 7. Jahrhundert zog sich der genuesische Bischof San Romolo als Einsiedler in die Wälder zwischen Caggio und Bignone zurück. Er starb dort und vererbte der Stadt seinen Namen. So wurde vermutlich aus San Romolo die Dialektform San Roemu und dann Sanremo.

Das Casino, Wahrzeichen Sanremos.

Die ersten großen Hotels entstanden im vergangenen Jahrhundert und sollten die internationale Elite der Touristen zufriedenstellen. Viele bekannte Namen kamen in diese Gegend und trugen zu Sanremos Berühmtheit als exklusiver Ort mit mediterranem Flair bei. Unvergeßlich bleibt die Zarin Maria Alexandrovna, die großzügig für die Palmen sorgte, die heute noch den Spazierweg säumen, der ihr gewidmet ist. Sie förderte auch den Bau einer orthodoxen Kirche, der russischen Kirche San Basilio mit mehrfarbigen Kuppeln und vergoldeten Kreuzen. Sie wurde für die religiösen Bedürfnisse der Schar von Landsleuten erbaut, die ihr gefolgt waren. In der Nähe der Kirche steht das weiße Gebäude des Casinos, das 1905 nach

TIPS & INFOS

Ausführliche Informationen finden Sie auf Seite 117ff.

SANREMO

Einwohner: 61 170
Höhe: 15 m ü.d.M.
Postleitzahl: 18038
Vorwahl. 0184

Informationen

Azienda di Promozione Turistica
Lungomare Nuvoloni, 1
Tel. 57 15 91

Museen

Civico Museo Archeologico
Palazzo Borea D'Olmo
Via Matteotti, 143
Tel. 53 19 42
Öffnungszeiten:
9–12.30/15–18.30
Montags und am Sonntagnachmittag geschlossen

Pinacoteca Rambaldi
Piazza San Sebastiano, 15
Località Coldiroli
Tel. 67 01 31
Öffnungszeiten:
Dienstag, Donnerstag und Samstag. 15–18
Mittwoch, Freitag,
Sonntag: 9–12;
Montags geschlossen

Museo Nobeliano
Corso Cavallotti, 112
Tel. 50 73 80
Öffnungszeiten: Donnerstag und Samstag 9–12

Salone Internazionale dell'Umorismo
Villa Ormond (Juli–August)

einem Plan von Ferret durch den Bürgermeister Mombello in gemäßigtem Jugendstil errichtet wurde.
Zu dieser gegensätzlichen Stadt, die dem Tourismus geweiht ist (an der Schwelle zum 21. Jahrhundert ist es nur über die Via Aurelia möglich, in die Stadt hinein- und wieder aus ihr hinauszufahren, was natürlich zu dauernden Staus führt), gehören auch Sandstrände, ein Fischerei- und Sporthafen, große öffentliche Parks und eine wichtige Stellung bei den Blumenzüchtern. Rosen und Anemonen, vor allem aber Nelken, Tulpen, Gladiolen, Orchideen werden von fähigen Züchtern angebaut.
Die Erinnerung an goldene Zeiten, an die sorgenlose Belle Epoque, den Wohlstand im Überfluß hat hier und da die Architektur geprägt. Durch neue Bauten ist dies leider nicht mehr überall erkennbar. Herausragende Beispiele sind der Corso degli Inglesi, der sich durch Gärten und herrschaftliche Villen die Hügel hinaufwindet, das Castello Devachan, die Häuser an der Via Cavallotti im Osten, darunter der Palazzo Bellevue (Sitz der Gemeinde), die Villa Zirio (Friedrich Wilhelm, der deutsche Kaiser, wohnte hier), die Villa Nobel (Wohnsitz des schwedischen Gelehrten), die Villa del Sole (Heimat der Savoyer in Sanremo), die Villa Hormond, vornehme Adresse im Jugendstil, sowie der Corso dell' Imperatrice, die prächtige Verbindung nach Westen.
Die etwas provinzielle Eleganz und Noblesse spielt sich heute in der zentralen Via Matteotti ab. Ein Spaziergang zwischen Lederwaren, Prêt-à-porter, bekannten Designern, Kinos, Schulen, Bars, Cafés, Antiquitäten, Buchläden, einem Restaurant und einem Theater. Über der schillernden Straße erhebt sich der barocke Palazzo Borea d'Olmo, der von einer venezianischen Familie Ende des 15. Jahrhunderts gebaut wurde. Über dem Eingang steht eine Madonna mit dem Jesuskind und gibt den Blick frei auf einen weitläufigen und harmonischen Raum. In den Salons, durch die bereits Carlo Emanuele III., Filippo V. und die Päpste Paul II. und Pius VII. schritten und die mit Fresken von Künstlern der genuesischen Schule verziert sind, können die Abteilungen des Civico Museo Archeologico besichtigt werden. Parallel dazu verläuft die Via Palazzo. Sie wurde früher von den Postkutschen in Richtung Frankreich befahren. Heute handelt es sich um eine enge, belebte Einkaufsstraße. Dort befindet sich das bekannte Lokal Cantine Sanremesi. Die kulinarische Tradition Sanremos wird dort noch respektiert. Für die Weine trifft das leider nicht zu.

Die Focaccia in verschiedenen Ausführungen (mit Zwiebeln oder Käse oder mit Spinat und Rüben), die grüne Torte, die Sardenaira (wirklich eine Spezialität, die nach dem Rezept zubereitet wird, das der Besitzer in einem Gebetbuch seiner Ururgroßmutter gefunden hat) gehören zur kulinarischen Ausstattung der Osteria.
Wir sind in der Nähe der Piazza Eroi Sanremesi, dem Verbindungsglied zwischen den beiden alten Teilen, der Zona di San Siro und der Pigna mit dem modernen Teil am Meer. Die Salita San Siro führt geradewegs zur gleichnamigen Kathedrale, einem großen Bau aus weißem Kalkstein, der auf den Resten einer vorromanischen Kirche steht, die sich drei Meter unter dem Boden befindet. Die Kathedrale ist in Aussehen und Bautechnik eng mit der Diözese San Michele d'Albenga verwandt, mit der sie die romanischen Züge gemeinsam hat, die schon fast in die Gotik übergehen. Sie wurde Anfang dieses Jahrhunderts renoviert, die Rosette auf der Fassade ist noch original erhalten geblieben. Ebenfalls erhalten geblieben sind die beiden seitlichen, zweibogigen Fenster, während der Vorbau des ausgeschmiegten Portals nachträglich ergänzt wurde. Die beiden mittelalterlichen Portale blieben unbeschädigt. Sie haben ovale Lünetten, die mit Skulpturen verziert sind (das Osterlamm zwischen zwei Palmen ist etwas älter, außerdem thront noch die Madonna zwischen zwei Heiligen). Ein ruhmloses Ende hatte dagegen der spätmittelalterliche

Übernachten

Hotel Alexander
Corso Garibaldi, 123
Tel. 50 45 91

Hotel Festival
Via XX Settembre, 45
Tel. 53 34 66

Hotel Villa Mafalda
Corso Nuvoloni, 18
Tel. 57 25 72

Die bunten Kuppeln der russisch-orthodoxen Kirche San Basilio in Sanremo.

ESSEN

Bacchus
Via Roma, 65
Tel. 53 09 90
Sonntags geschlossen

Le Cantine Sanremesi
Via Palazzo, 7
Tel. 57 20 63
Sonntags geschlossen

Fontana Bianca
Ceriana
Valle Armea Nord
(12 km von Sanremo)
Tel. 55 10 79
Mittwochs geschlossen

Nuovo Piccolo Mondo*
Via Piave, 7
Tel. 50 90 12
Sonntags und am Mittwochabend geschlossen

Taverna al 29*
Via Morado, 8
Tel. 57 00 34
Mittwochs geschlossen

SANDWICH, IMBISS

Lo Spuntino
Via Martiri, 10

Kirchturm, der von den Genuesern zur Strafe gegen die Rebellion von Sanremo im Jahr 1753 geköpft wurde. Die Gewaltherrschaft führte auch zur Zerstörung des Kastells auf dem Hügel; mit den Steinen des Kastells errichtete die Serenissima Repubblica in Meeresnähe die Festung von Santa Tecla (das jetzige Kreisgefängnis), deren Schießscharten auf die Stadt gerichtet waren! Neben der Kathedrale liegt das Baptisterium, das im 16. Jahrhundert aus einem Umbau der ursprünglich einschiffigen romanischen Kirche San Giovanni in ein Gebäude mit nur einem Raum entstand. Das einzigartig mittelalterliche Pfarrhaus von San Siro, das sich nebenan befindet, wirkt sehr malerisch. Die Außenfassade blickt auf einen kleinen Platz mit Blumenverkaufsständen; die ebenerdigen Läden sind geschlossen. Im ersten Stock kann man die charakteristischen säulenlosen Zweibogenfenster erblicken (12. Jahrhundert). Im Innenbereich befinden sich Treppen und Originalmauern sowie ein Saal mit einer beeindruckenden Säule. Von der gegenüberliegenden Seite aus kommt man zum antiken Kreuzgang der Kanoniker, der Resettu, ein bewundernswertes Beispiel für alte »lateinische« Architektur in Ligurien (leider ist eine Besichtigung wahrscheinlich nicht möglich).

Sanremo ist auch ein guter Tip für Feinschmecker. Auf dem Foto sieht man die Spezialitäten der Pasticceria San Romolo

In der Via De Benedetti, die rechts am runden Turm der Ciapela (der auch als Sarazenenturm bezeichnet wird) vorbeiführt, kann man die östliche Altstadt besuchen. Es handelt sich um eine Bastion aus dem 16. Jahrhundert, die im Norden und Osten an die Stadtmauer anschloß. Danach kommt man zur Via Morardo, die gegenüber liegt. Pigna oder einfach nur die »Scarpeta«, wie die Einheimischen sie liebevoll im Dialekt nennen,

ist eine Stadt in der Stadt, ein Labyrinth aus Caruggi, ein Netzwerk von Verbindungstreppen, von aneinandergereihten Häusern, die über malerische Rundbogen verbunden sind und eine Verstärkung und einen Schutz bei Erdbeben darstellen sollen. Hausflure, Anhöhen, Unterführungen und Winkel und Ecken wechseln sich ab: Fallen für den Feind, aber auch Treffpunkte, an denen Beziehungen geknüpft werden. Sonnige Plätze tauchen plötzlich auf, Patrizierpaläste, öffentliche Gebäude, Bürgerhäuser und natürlich Kirchen. Die konzentrische Anlage der Stadt sollte der Verteidigung dienen.
Mitunter reichte dies aber nicht aus. Es genügt, an die zerstörerischen Angriffe der barbarischen Piraten Dragut, Charo Mustafà, Barbarossa und Occhiali zu denken, die im 16. Jahrhundert die arme Bevölkerung sehr schlecht behandelten. Der Glanz der Vergangenheit ist in diesem Viertel heute zwar weitgehend zerstört. Die Spuren des Mittelalters üben aber immer noch ihre Faszination aus.
Folgen wir ihnen über die Via Montà, die rechts den unteren Abschnitt der Via Palma kreuzt. Kurz vorher, auf Höhe der Hausnummer 12, steht die alte Casa Manara, die 1538 die beste Herberge der Stadt war (beim Anblick des eleganten Schieferportals möchte man das auch glauben) und damit die Ehre hatte, Papst Paul III. zu beherbergen, der auf der Durchreise nach Nizza war. Man gelangt zur Piazza Capitolo, deren Name vom Kapitelsaal herrührt, einem Versammlungsort des Gemeinderats. 1319 bot Giovanni Mansella, Kapitän des Königs Robert von Neapel, der Stadt den Schutz seines Herrschers an, der auf eigene Kosten eine Garnison mit tausend Infanteristen und hundert Reitern unterhalten hätte, ohne daß dies einen Statusverlust oder weniger Rechte und Privilegien für die Einwohner Sanremos bedeutet hätte. Es hätte auch keine steuerliche Belastung oder ähnliches bedeutet. Das inzwischen umgestaltete Gebäude trägt heute die ruhige rosa Farbe Liguriens. Im Erdgeschoß steht über den Türen der Räume des alten Gerichts immer noch auf schwarzem Stein: »Corni bos capitur voce ligatur homo« und »Male verum examinat omnis corruptus judex«. Wenn man einen Halbkreis um den Platz beschreibt, befindet man sich im Vicolo Balilla, einem engen Gang, an dessen Ende wir auf die Via Palma Soprana treffen. Ein Beschluß des Gemeinderats genehmigte 1561 eine neue Stadtmauer, die den »Borgo della Palma Superiore« mit einbezog. Die Straße ist somit zusammen mit den Festungen im Westen der

EINKAUFEN

Eis, Süßigkeiten

Bar Cremeria Pasticceria Festival
Corso Matteotti, 196

Bar Garibaldi
Via Garibaldi, 49

Gelateria Ausenda
Corso Matuzia, 97

Schleckereien

Il Fornaio Saraceno
Piazza Colombo, 9

Pasticceria San Romolo
Via Carli, 6

Lebensmittel

Alimentari Sciolè
Via Roma, 125

Bioprodukte

Coop Agricola Vitalba
Via Montà, 16

Sardenaira, Torta Verde, Farinata

Bar Novecento
Via Palazzo, 131

Maggiorino
Via Roma, 183

Wein

Enoteca Bacchus
Via Roma, 65

Enoteca Marone
Via San Francesco, 61

Cocktails

Pino's American bar
Via Roma, 105

1 Casa Manara
2 Sala del Capitolo
3 Chiesa di San Giuseppe
4 Porta di San Giuseppe
5 Wallfahrtskirche Madonna della Costa
6 Porta di Santo Stefano
7 La Fontanassa
8 Chiesa di Santo Stefano

Via Cisterna Teil des Verteidigungsgürtels. Die Via Cisterna mündet in einen Platz mit einer Zisterne (die unter dem Boden verborgen bleibt). Es handelt sich um ein Werk der Ordensbrüder des Oratorio di Santa Brigida, »um bei Wassermangel im Sommer trotzdem Wasser zu haben«.

Im Norden führt der Weg zur Chiesa di San Giuseppe und dem gleichnamigen Tor (12. Jahrhundert). Über dem Tor mit Rundbogen befinden sich Klapptüren, aus denen auf Angreifer kochendheiße Flüssigkeiten geschüttet wurden. Die hölzernen Türflügel sind noch vollständig erhalten. Außen befindet sich ein schöner Brunnen, der nicht mehr benutzt wird. Er ist mit einem Kiefernzapfen verziert (pigna). Von den 16 Toren, die im Stadtplan von Sanremo von Matteo Vinzoni im Jahr 1753 aufgeführt sind, existieren als Folge der Kriege und des Erdbebens 1887 sowie der Gleichgültigkeit und Unwissenheit der Verwaltung nur noch vier.

Hinter der Stadtmauer geht man rechts die Via Galilei hinauf. Wenige Meter weiter in Richtung Süden führt linker Hand eine Treppe zur Wallfahrtskirche der Madonna della Costa hinauf. Dieses kleine Oratorium wurde 1630 erbaut. Das Bauwerk wird durch einen kreuzförmigen Grundriß, eine zentrale Kuppel (mit Fresken aus dem 18. Jahrhundert) mit seitlichen Türmen, eine kleine Kuppel sowie die Barockfassade gekennzeichnet. Ein Gemälde von Domenico Fiasella aus dem 17. Jahrhundert, Heiligenstatuen und eine Madonna mit Kind (1401) von Fra' Nicol aus Voltri sind Teil der Ausstattung. Außen erwartet uns ein herrlicher Blick auf den Golf von Capo Nero bis Capo Verde. Es geht hinab zur Piazza Castello, den Giardini Regina Elena, Via Tapoletti, Piazza Costanzo und dann zur Piazza dei Dolori. Ein harmonischer, abwechslungsreicher und origineller Ort. Der Kirchturm lehnt an der Schutzmauer eines Hauses. Die Kirche ist ohne Fassade, und unter dem Laubengang steht unter Androhung von Geldstrafe das Verbot von 1642, die Gegend zu beschmutzen.

Das Helldunkel der Rivolte di San Sebastiano, der Straße, die aus der Altstadt führt, bringt uns zur Porta di Santo Stefano mit ihrem gotischen Bogen und dem Steinfundament. Zur Via Moreno zurückgekehrt, kann man auf Höhe der Via Palmari seinen Durst an der Fontanassa löschen, dem mittelalterlichen Brunnen, der noch gut erhalten ist.

Wir gehen in den Corso Cavallotti, der auf halber Höhe durch die großen Gärten der Villa Hormond führt. Dieser aristokratische Wohnsitz im Jugendstil gehört heute der Gemeinde und wird für verschiedene Veranstaltungen, unter anderem auch für die »Blumenausstellung« genutzt.

Etwas weiter stoßen wir auf die erdfarbene Silhouette der Villa Nobel, deren kleiner Turm mit Tausenden von kleinen Steinen bedeckt ist. Eine andere Strecke führt Richtung Capo Verde. Kurz vor der Abzweigung nach Bussana Vecchia biegt man rechts ein. Einige Meter hinter der Eisenbahnbrücke liegen die Überreste der Villa Romana von Bussana am

Die Musen sind zu Hause in Bussana, das nach einer Naturkatastrophe, dem Erdbeben im Februar 1887, fast völlig zerstört wurde. Das Schicksal hat zusammen mit einigen Freiwilligen den Ort in anderer Form wiederauferstehen lassen. Es ist kein ländliches Dorf mehr, sondern ein kleines Kunstwerk, verführerisch, provozierend, ein Ort, an dem Phantasien und Träume wahr werden.
Das Schild der Osteria ist nur eines von vielen, das auf die alten Häuser hinweist. Viele sind dank den Handwerkern, die sich in dem alten Steindorf niedergelassen haben, zu neuem Leben erwacht.

Bussana Vecchia

Ausgangs- und Zielort:
SANREMO

Länge:
18 KM

Voraussichtliche Dauer des Ausflugs:
2 STD.

Das Erdbeben am 28. Februar 1887 machte aus einem siebenhundertjährigen Dorf einen Steinhaufen. Unter dem Schutt und den Trümmern des halbzerstörten Ortes Bussana blieb der Kirchturm intakt. 54 Menschen waren durch das Erdbeben umgekommen. Überall herrschte Verzweiflung, dramatische Szenen spielten sich ab, ohnmächtige Wut kam zum Ausdruck. Die Einwohner wanderten ab. Einige nach Sanremo, andere in Baracken, um nach sieben Jahren in das weiter im Tal gelegene Nuova Bussana zu ziehen. An dieser Stelle existierte vor zwanzig Jahrhunderten eine römische Kolonie, Armedana. Der alte Siedlungsort wurde Wind, Regen und Plünderern überlassen. Die Bauwerke wurden verändert und das Material weiterverwendet. In der Stille hörte man nur die Stimmen von flüchtenden Dieben, von Deserteuren und versprengten Soldaten. Danach kamen einige Regisseure, die »realistische« Explosionen nachstellten und falsche Schlachten in den Trümmern filmten. Das jähe Ende kam durch die Gemeinde von Sanremo, die aus Angst vor der Verletzungsgefahr für diejenigen, die in den leerstehenden Häusern Zuflucht gesucht hatten (wie die Einwanderer aus dem Süden auf der Suche nach Arbeit), die Leute vertreiben und die Häuser und Gewölbe, die das Erdbeben überstanden hatten, einreißen ließ.

Der Wiederaufbau begann in den sechziger Jahren mit den ersten Künstlern, die von der geheimnisvollen Faszination des Ortes angezogen wurden. Scheu, aber entschlossen schlugen sie ihren Wohnsitz in den weniger beschädigten Häusern auf, besetzten sie, nutzten sie auch als Laden, nachdem sie sorgfältig und mit gutem Geschmack den Innenausbau bewältigt hatten. Außen blieben die Häuser, wie sie waren. Die Zeichen Verletzung und Leid sind unauslöschbar erhalten geblieben.

Mit den Jahren folgten den ersten Künstlern Maler, Bildhauer, Handwerker, Dichter aus allen Teilen der Welt, und das alte Bussana wurde zu einem Künstlerdorf mit vielen Bewohnern, Antiquitätenläden, Ateliers und Werkstätten, improvisierten Kunstgalerien, Trödlern; ein buntes Durcheinander, Originale und Kitsch, Kreativität und Handel.

Nach Bussana Vecchia gelangt man von Sanremo über die Via Aurelia in Richtung Imperia. Nach einigen Kilometern führt eine Abzweigung nach links zu dem Ort, den man in wenigen Minuten erreicht.

Berg. Hier führte die Via Julia Augusta vorbei. Nach knapp einem Kilometer in Richtung Osten kommen wir zur Grotta della Madonna dell'Arma, die sich zum Meer hin öffnet. Über der Grotte befindet sich ein Wachturm aus dem 16. Jahrhundert.

Die Ausgrabungen gehen auf die Jahre 1961–63 zurück, aber von der Grotte wußte man bereits seit siebzig Jahren. Die Werkzeuge, die man fand, im wesentlichen Schabwerkzeuge und Faustkeile, befinden sich im Museo Civico Archeologico in Sanremo und sind vergleichbar mit denen der Barma Grande und der Grotta del Principe (beide gehören zu den Balzi Rossi, s. Seite 17). Man kann sie auch mit denen der Arma delle Manie und der Arma delle Fate in Finale Ligure vergleichen. Einer der Eingänge zur Grotte ist durch eine Barockkapelle versperrt, die der Jungfrau Maria geweiht ist. Eine Besichtigung empfiehlt sich nach einem Besuch der nahegelegenen Kirche. In diesem Gebiet, im Osten, in der Nähe des Capo Don befand sich zur Zeit der Römer an der Julia Augusta der Ort Tabia oder Costa Balenae. Der Lombarde Rotari hat, wie es scheint, 641 nach Christus die Zerstörung veranlaßt. Die Überlebenden begannen mit dem Wiederaufbau ihres Dorfes im Hinterland, einige Kilometer vom Meer entfernt, an einem sicheren Ort, der das mittelalterliche Taggia wurde.

Wandmalerei in Bussana Vecchia.

Heute befindet sich das moderne **Arma di Taggia** an der Mündung des Flusses Argentina, wo angeblich die römischen Ligurer den Kanalhafen Tabiae Fluvius errichtet haben und wo in der jüngeren Vergangenheit ein armes Fischerdorf stand. Arma di Taggia ist eine kleine Stadt, die planlos nach dem Krieg gebaut wurde. Sie verfügt über einen großen Sandstrand und ist daher als Badeort sehr gefragt. An der langen Promenade befinden sich zahlreiche Bars und Restaurants, darunter »La Conchiglia«, wo frischer Fisch mit Öl aus der Ölmühle und ligurischen Gewürzen und mit Kräutern zubereitet wird. Charakteristisch für die Ebene von **Taggia** ist die intensive Nutzung für Gemüse, Obst und Blumen. Das Plateau verbindet Arma mit dem mittelalterlichen Ort. Hier ist der Eingang zum Valle Argentina, einem Tal, das etwa vierzig Kilometer lang durch sanfte, mit Olivenbäumen bewachsene Hügel verläuft, um dann auf die schroffen Ausläufer der Ligurischen Alpen zu tref-

TIPS & INFOS

Ausführliche Informationen finden Sie auf Seite 99

ARMA DI TAGGIA

8 km von Sanremo
Höhe: 12 m ü.d.M.
Postleitzahl: 18011
Vorwahl: 0184

Informationen

Azienda di Promozione Turistica
Via Blengino, 5
Tel. 4 37 33

ESSEN

La Conchiglia★★
Via Lungomare, 33
Tel. 4 31 69
Mittwochs geschlossen

Giuan★
Via Colombo, 290
Tel. 4 30 59
Montags geschlossen (Juli und August durchgehend geöffnet)

fen. Der weitere Verlauf führt zu den Hängen des Monte Saccarello.

Den Benediktinermönchen von Pedona (dem heutigen Borgo San Dalmazzo in der Provinz Cuneo), die im 7. Jahrhundert nach der Zerstörung ihrer Abtei nach Taggia gekommen waren, wird die Kultivierung der einheimischen Bevölkerung zugeschrieben, die überwiegend Schafhirten, Kaufleute und Seefahrer waren. Die Mönche widmeten sich einem landwirtschaftlichen Rohstoff, der für das wirtschaftliche Leben und die Landschaft von großer Bedeutung war – den Olivenbäumen. Im 16. bis 17. Jahrhundert brachten das Öl und die Oliven, die Zitrusfrüchte, die Mandeln, die Feigen und der gefeierte – mittlerweile leider nicht mehr existierende – Muskateller Reichtum nach Taggia. Ein Zeichen dafür sind die prächtigen Gebäude, die Kirchen, die Denkmäler, die Portale, die wie Miniaturen bearbeitet wurden. Davon gibt es rund hundert aus dem Spätmittelalter, der Renaissance und dem Barock. Es sind Dokumente aus schwarzem Stein, die mit der Geschichte der Aristokratie von Taggia und Genua zusammenhängen. Viele wurden leider durch die Aufforderung »Waffen auf die Wappen« als Folge des revolutionären Dekrets der Republik Ligurien (1797) zerstört. Dieses Dekret ordnete die Zerstörung aller öffentlich aushängenden Wappen der Adligen sowie aller Schilder an, aus denen man den Stand, den Wohlstand, die politische Gesinnung oder die Abstammung der Familie ersehen konnte, die dort wohnte. Wertvolle und wichtige Beispiele finden wir bei den Gebäuden der Via San Dalmazzo und der Via Soleri, mit ihren weiten Laubengängen und gepflasterten Straßen, wo einmal im Monat ein lebhafter Antiquitätenmarkt stattfindet.

Die Straßen befinden sich innerhalb der Verteidigungsmauern der Stadt. Bei den Stadtmauern aus dem Jahr 1560, die teilweise noch erhalten sind, handelt es sich um eine Erweiterung und Verstärkung der Mauern aus dem 14. Jahrhundert, die durch die türkische Bedrohung notwendig wurde. Tatsächlich fand nur wenige Jahre nach der Beendigung der Arbeiten ein Angriff (10. Juli 1563) durch den Piraten Ulug-Alì statt, den die Stadtgemeinschaft abwehrte. Nachdem dieser

Die verwinkelten Gassen von Taggia.

Test bestanden war, wurde der Turm mit Artillerie auf den Scogli dell'Arma als weitere Verteidigungseinrichtung gebaut.

Ein Fest am 12. Februar jedes Jahres erinnert daran, wie San Benedetto Revelli mit einem Kunstgriff die Plünderung verhinderte. In den einzelnen Stadtteilen werden Feuer in der Nacht entzündet, wie am Ende des 10. Jahrhunderts, als man die angreifenden Sarazenen täuschte und sie glauben machte, daß bereits vor ihnen andere Plünderer gekommen waren.

Der falsche Eindruck der Zerstörung wird heute durch den Lichtschimmer und den Rauch der Furgari erweckt, eine Art einfacher Feuerwerkskörper, die die Jugendlichen der einzelnen Stadtviertel abschießen. Die Heiterkeit und das Spiel verdrängen nicht die kulinarische Seite, die in diesem Fall aus traditionellen Canestrelli und Anisplätzchen besteht.

Eine andere Gedenkfeier, die am 22. Juli stattfindet, veranstaltet die alte Gesellschaft der »Maddalenanti«, die eine Klause im Wald besitzt (drei Stunden Fußweg von der Stadt entfernt), die früher zu den Benediktinern gehörte. Sie führen im Rahmen der Feiern für Santa Maria Maddalena del Bosco den sogenannten »Totentanz« auf. Am Tag davor beginnt der Aufbruch der Angehörigen der Gesellschaft auf Mauleseln in Richtung Klause, wo sie die Nacht ausgelassen und fröhlich verbringen. Am Tag danach findet der Tanz statt, eine Aufführung mit Beteiligung der Bevölkerung. Ein Junge und ein Mädchen tanzen, sie leidet Liebesqualen und sinkt in seine Arme. Er bedeckt sie voller Verzweiflung mit Lavendelblüten, die so stark riechen, daß sie wieder zum Leben erweckt wird. Der Tanz wird in der allgemeinen Freudenstimmung noch ausgelassener als vorher.

Für die Besichtigung empfiehlt es sich, vom Convento di San Domenico abzufahren. Man biegt links ab und verläßt die Staatsstraße vor dem beliebten Ort: Kultur und religiöses Leben wurden über die Jahrhunderte durch Künstler wie Ludovico Brea und Giovanni Canavesio und durch die Einrichtung einer umfangreichen Bibliothek gefördert. Der Gesamtkomplex umfaßt eine Kirche im gotisch-lombardischen Stil (als die Republik

Flohmarkt in Taggia.

TIPS & INFOS

Ausführliche Informationen finden Sie auf Seite 121

TAGGIA

11 km von Sanremo
Einwohner: 14 495
Höhe: 38 m ü.d.M.
Postleitzahl: 18018
Vorwahl: 0184

Informationen

Azienda di Promozione Turistica
Via Blengino, 5
Tel. 4 37 33

Museen

Convento di San Domenico
Alle Tage außer donnerstags und sonntags geöffnet
Öffnungszeiten:
9–12/15.30–17

EINKAUFEN

Typische Süßigkeiten

Sandro Marchetti
Via Mazzini, 54

1 Pfarrkirche
2 Chiesa Santa Lucia
3 Kapuzinerkloster
4 Oratorium Santa Orsola 1604
5 Chiesa S. S. Trinità
6 Chiesa Santa Caterina
7 Oratorium San Sebastiano
8 Chiesa di Santa Teresa (Ruine)

A Bastione dell'Orso
B Bastione del Ciazzo
C Bastione del Castello
D Bastione il Rastrello
E Bastione del Convento dei P. P. Cappuccini
F Bastione del Ponte
G Bastione del Gombo

A Porta dell'Orso
B Porta di Santa Lucia Sottana
C Porta di Santa Lucia Soprana
D Porta Littardi
E Porta Barbarasa
F Porta del Colletto
G Porta del Ciazzo
H Porta Pretoria

1 Fontana Braki 1462
2 Palazzo Lercari 1646
3 Palazzo Curlo – Spinosa 1735
4 Lineare Maßeinheiten an der Kirchenwand
5 Palazzo Anfossi – Kaiserzeit
6 Palazzo Lombardi 17. Jahrhundert
7 Portal der Familie Capponi
8 Turm und Palazzo Calvesana
9 Rathaus
10 Palazzo Curlo (ehemals Spinola) 16. Jahrhundert
11 Palazzo Asdente – Carrega (um 1500)
12 Palazzo Curlo 1448

von Genua unter dem Protektorat Mailands stand), die Decke besteht aus Kreuzgewölben und ist mit dem Motiv des genuesischen Siegelabdrucks mit schwarz-weißen Streifen aus glänzendem Stuck geschmückt; der Kirchturm ist breit und massiv. Das Kloster hat einen bogenförmigen Laubengang beim Kreuzgang mit den schwarzen Steinsäulen. Gegenüber liegen die Treppen; ebenfalls das Refektorium mit Handlauf aus Marmor (14. Jahrhundert), der Kapitularienraum und ein kleines, aber interessantes Kunstmuseum.

Über die Salita San Domenico erreichen wir den Ort. Wir gehen an der Porta dell'Orso vorbei (1541) und nehmen die Via Lercari. Wir befinden uns jetzt auf der Piazza Farini mit dem barocken Palazzo Lercari und einem typischen, aus Fels gehauenen Brunnen, der »Fontana Brakì«. In der Nähe befindet sich das beeindruckende Marmorportal des Palazzo Curlo-Spinola, das angeblich von Gian Lorenzo Bernini angefertigt wurde. Auf der anderen Straßenseite befindet sich der Palazzo Asdente (oder Palazzo dei Marchesi Carrega) aus dem 16. Jahrhundert mit zwei gemeißelten Portalen; nur in kurzer Entfernung sieht man linker Hand den erst vor kurzem restaurierten Palazzo Municipale, das Rathaus.

Genauso wertvoll ist die religiöse Architektur: der klare romanische Stil (umgeändert) der Madonna del Canneto, der Kirche mit Krypta aus dem Hochmittelalter (12. Jahrhundert). Nördlich von dieser Kirche befindet sich außerhalb der Stadtmauer die erste Siedlung (kurz nach der Villa Ruffini). Ebenso wertvoll ist die barocke Pfarrkirche der Heiligen Giacomo e Filippo, die durch ein langes Schiff und abwechselnd rundbogige Kapellen

Portal des Palazzo Curlo (vormals Spinola) in Taggia, der im 16. Jahrhundert erbaut wurde.

Steinbrücken sind charakteristisch für Liguriens Hinterland. Es sind oft gewagte Konstruktionen, erdacht, um die nicht selten unwegsame Natur zu bezwingen. Ein bedeutendes Beispiel für diese Architektur ist die romanische Brücke mit sechzehn Rundbögen in Taggia.

und Kapellen mit Architraven an den Wänden gekennzeichnet ist. Dann folgt die Chiesa di Santa Lucia, die vielleicht die ursprüngliche Pfarrkirche von Taggia war und sich südlich von der Akropolis befindet, zu der das Kastell und der erste Mauergürtel aus dem Jahr 1300 gehörten.

Dann gibt es noch die Torri und den Palazzo dei Marchesi Clavesana, einige der acht Tore und der acht Bastionen, die zur Verteidigung dienten und noch innerhalb des Ortes sichtbar sind. Dazu gehört die Chiesa di San Martino, die mit dem Material der römischen *Mansio* der Costa Balenae auf der linken Seite des Flusses Argentina gebaut wurde. Ebenso gehört dazu das Oratorium der Santissima Trinità, reich mit mehrfarbigem Marmor und goldenen Verzierungen geschmückt, und die herrliche mittelalterliche Brücke, die 260 Meter lang ist und von 16 Rundbögen gestützt wird. Die letzten beiden Rundbögen auf der Ostseite zeigen den römischen Ursprung. Wenn man die Brücke überquert, gelangt man zum Landhaus der Familie Curlo (18. Jahrhundert).

Christiane Emanuelli in ihrer Werkstatt in Andagna. Sie greift auf die traditionelle, handwerkliche Methode des Alta Valle Argentina zurück

und fertigt wunderschöne Gegenstände aus Schiefer. Ihr Mann hat ein kleines, aber wichtiges ethnographisches Museum eingerichtet.

Über der Straße, die durch das Tal führt, befindet sich in einer verschwenderischen Umgebung, mit dem Argentina und mit den Oliven, Weinreben, Gemüse- und Obstgärten ein Felsvorspung, der den Zugang versperrt. Mit ziemlicher Sicherheit hat hier eine römische Festung gestanden, und sicher wurde hier, vielleicht von den Byzantinern im 7. Jahrhundert, das rätselhafte Castello di Campomarzio gebaut, in das sich die Bevölkerung im Hochmittelalter zur Verteidigung zurückzog. Mit etwas Geduld kann man an diesem Ort, der fast völlig von Wald bewachsen ist, noch einige Reste des Mauergürtels, der Verteidigungstürme und der in der Mitte errichteten Kirche erkennen.

Zwei Ölmühlen mit Wasserrädern (beide in Restaurants umgewandelt) sind das Aushängeschild von **Badalucco**, einem Ort, der den Oliven gewidmet ist und dessen Ursprung bereits auf die Vorgeschichte zurückgeht. Dies beweist der Fund der Tana di Bertrand, einer kleinen Grotte auf der Westseite des Monte Faudo, die zu Beginn des 20. Jahrhunderts ausgegraben wurde und in der man zahlreiche Knochenwerkzeuge, Pfeilspitzen aus Stein und Grabbeigaben fand.
Zwei harmonische Brücken betonen die Landschaft am Ortseingang und am Ortsausgang. Wir gelangen zur Chiesa di Santa Lucia mit nur einem Bogen aus dem 16. Jahrhundert und zu dem kleinen Portico sowie zur Kapelle, die der Heiligen geweiht ist. Die Brücke Madonna degli Angeli stammt dagegen aus dem Mittelalter und hat drei Bögen. Der Palazzo Boeri verdient unsere Aufmerksamkeit. Er besitzt eine Loggia aus dem 16. Jahrhundert; ebenso die Gemeinde (Via Gioberti 10): eine alte Struktur mit spitzen, sechseckigen Fenstern, einem schönen Portal und einer ungewöhnlich geformten Öffnung (auf der Mauerseite), eine Klappe, über die man Almosen an die Armen verteilte, »La Ratione«, die Ration Suppe und Brot. Sehr viel besser schmeckt der Stoccafissu a baucìgna, ein einzigartiges und aufwendiges Stockfisch-Rezept (sechs bis acht Stunden Kochzeit). Die Tradition überliefert, wie die stolzen Einwohner des Ortes dank den großen Vorräten an diesem nahrhaften Lebensmittel eine Sarazenenbelagerung überstanden und dann zum Gegenangriff übergingen. Sie schlugen den Feind in die Flucht auf das Meer. Das Essen der Priore (jedes Oratorium hatte eine Bruderschaft, aus deren Mitte ein Prior gewählt wurde) bestand aus Stockfisch, Nudelsuppe und der berühmten ligurischen Kalbsbrust. Am Tag der Sagra dello Stoccafisso (am vorletzten Sonntag im September) wird auf der Piazza gekocht. Der Fisch ist von hervorragender Qualität und stammt von den Lofoten in Norwegen. Zwischen den Lofoten und Badalucco besteht eine Städtepartnerschaft. Ein weiterer Stolz der lokalen Küche sind die Bohnen, von denen die Sorten Rundin und Mungette angebaut werden. Glatt, klein und fleischig, hervorragend, wenn sie im Sommer frisch geerntet werden, schmecken sie aber auch gut getrocknet im Winter. Sie werden als Frisceu zubereitet, ein Teig aus Mehl, Wasser, Salz (manchmal auch frischen Zwiebeln), dem man die vorher eingeweichten Bohnen hinzufügt und der dann in heißem Öl ausgebacken wird.

TIPS & INFOS

Ausführliche Informationen finden Sie auf Seite 99f.

BADALUCCO

19,5 km von Sanremo
Einwohner: 1486
Höhe: 179 m ü.d.M.
Postleitzahl: 18010
Vorwahl: 0184

Informationen

Municipio
Tel. 4 00 15

ESSEN

Cà Mea
Strada Statale 548
Regione Ravezza, 20
Tel. 4 01 73
Montags geschlossen

Canon d'Oro
Via Boeri, 32
Tel. 4 00 06
Montags geschlossen

EINKAUFEN

Bohnen

(Oktober–März)
Alimentari
Via Colombo, 24

Öl

Frantoio Roi
Via Argentina, 1
Tel. 4 00 04

Typische Erzeugnisse

Il Forno
Via Colombo, 3

HANDWERK

Pfeifen aus Wurzelholz

Giordano
Via Ugo II

TIPS & INFOS

Ausführliche Informationen finden Sie auf Seite 112

MOLINI DI TRIORA

33 km von Sanremo
Einwohner: 824
Höhe: 460 m ü.d.M.
Postleitzahl: 18010
Vorwahl: 0184

Informationen

Municipio
Tel. 9 40 14

ÜBERNACHTEN

Albergo Santo Spirito
Via Roma, 21
Tel. 9 40 19/9 40 92

ESSEN

Santo Spirito*
Via Roma, 21
Tel. 9 40 19
Mittwochs geschlossen

EINKAUFEN

Käse, Honig, Mehl, Bohnen…

La Bottega di Angelamaria
Piazza Roma, 26

Von der nächsten Etappe trennt uns ein Stück der Landstraße, die teilweise am Meer entlangführt. Einige Abschnitte führen durch Felsen, das Tal wird immer enger und schmaler. Es blickt auf die Weiden und das Röhricht des Flusses.

Der Weg streift Farne, Kastanien und Nußbäume und gibt immer wieder wunderschöne Blicke frei. **Molini di Triora**, der Zusatz stammt aus der ehemaligen Abhängigkeit vom darüberliegenden Ort, zählte einstmals, wie schon der Name sagt, 23 Windmühlen am Argentina und am Capriolo. Um diese Windmühlen entstanden (wie ein Dokument aus dem Jahr 972 belegt) die ersten

Die unglaubliche Bottega di Angelamaria ist ein Ort, der zum Genießen einlädt: Farben, Düfte, Aromen und eine Auswahl, die eines orientalischen Bazars würdig ist

Siedlungen. Noch immer werden Kichererbsenmehl, Kastanienmehl, Vollkornmehl gemahlen; dies und unglaubliche Mengen anderer Waren können Sie in einem kleinen, dufterfüllten Laden im Zentrum finden. Das Brot ist hier sehr gut. Es ähnelt dem berühmten Brot von Riora, das aus faser- und proteinreichem Mehl hergestellt und in runden Formen verpackt wird. Die eigentliche Spezialität aber sind die Schnecken. Die Sorte Ciui ist unvergleichlich gut. Es handelt sich um Gastropoden, die ein kleines haselnußbraunes Haus haben und die Weinberge lieben. Sie sind schwierig zu finden. Sie gehören zu den traditionellen Gerichten der Küche von Molini und sind ein klassisches Gericht in den Restaurants der Ortschaft. Die Schnecken sind auch die Stars eines Festes im September.

Wer weiß, ob nicht auch die Benediktiner dieses Gericht verbessert haben, als sie sich in Taggia niederließen. Sie

blieben mit ihrer piemontesischen Heimat in Kontakt. Sicherlich errichteten sie an den Orten, an denen auf der Heimreise gewöhnlich gerastet wurde, eine Reihe von Herbergen, an denen die Wanderer eine Pause machen und sich ausruhen konnten.
Die Siedlungen **Aigovo**, **Bregella** und **Andagna** haben diesen Ursprung. Einen Kilometer vor Molini befindet sich die Kreuzung nach Andagna, einem kleinen Ort am mittelalterlichen Verbindungsweg zwischen Valle Argentina und Valle Arroscia.
Einige Schiefertore schmücken die Bürgerhäuser und religiösen Gebäude. Christiane Emanuelli, die diesen Ort zur neuen Heimat gewählt hat, hat eine alte Methode für die Verarbeitung des schwarzen Steins übernommen. Sie stellt wunderschöne Gegenstände her. An dieser Stelle bietet sich die Möglichkeit, den Ausflug bis zur Rocca di Drego, einem Aussichtspunkt über der Valle Argentina, zu verlängern (knapp sechs Kilometer). Dort steht seit ewigen Zeiten eine Burgruine aus der vorrömischen Zeit. Vorher kommt man noch bei der Chiesa di Santa Brigida vorbei, und ganz in der Nähe liegt die Rocca d'e bàggiure, der Versammlungsort der Hexen, die im 16. Jahrhundert, aber nicht nur zu jener Zeit, in dieser Gegend zahlreich vorhanden gewesen sein sollen.
Wir kommen nach **Triora**, einem Ort, der in puncto Hexen eine lange und leidvolle Erfahrung vorzuweisen hat. Das ethnographische Museum erzählt mit seiner Abteilung für Hexen und Magie von den Begebenheiten vergangener Jahrhunderte und führt uns zu dem dunklen Drama der Inquisitionsprozesse, der Folter, des Hängens und des Scheiterhaufens. Ein geheimnisvoller Ort

Triora, die Feuerstelle im Trockenraum für die Kastanien im ethnographischen Museum.

TIPS & INFOS

Ausführliche Informationen finden Sie auf Seite 98

ANDAGNA

34,5 km von Sanremo
Einwohner: 133
Höhe: 728 m ü.d.M.
Postleitzahl: 18010
Vorwahl: 0184

Museen

Piccolo Museo Etnografico
Via Costa
(nach Egidio Emanuelli fragen)

HANDWERK

Basreliefskulpturen aus Schiefer

Christiane Emanuelli
Via Costa, 18

TIPS & INFOS

Ausführliche Informationen finden Sie auf Seite 121

TRIORA

38 km von Sanremo
Einwohner: 507
Höhe: 776 m ü.d.M.
Postleitzahl: 18010
Vorwahl: 0184

Informationen

Municipio
Corso Italia, 9
Tel. 9 40 49

Museen

Museo Etnografico
Via Roma
Öffnungszeiten im Winter: sonn- und feiertags 10–12/ 14.30–18.30 Uhr
Öffnungszeiten im Sommer (15. Juni–15. September): immer von 15.30–19, sonntags auch von 10–12.30 Uhr

EINKAUFEN

Käse

Angelu de Nuatin
(Maria Lorenzina Ghirardi)
Via Roma, 17

Honig, Pilze, Marmelade, Käse

Alimentari Triora
Corso Italia, 22

Brot aus Triora

Panetteria Asplanato
Corso Italia, 37

ist La Cabotina, ein einsames Haus ganz in der Nähe der Wohnung des Henkers über dem Abgrund des Rio Capriolo. Man glaubt gerne, daß hier der Hexensabbat stattgefunden haben könnte. Ein Gedenkstein erinnert an die Ereignisse. Auch die Fontana della Noce und die Fontana di Campomavue sollen Versammlungsorte der »Besessenen« gewesen sein, die dann in einem eigens für sie eingerichteten Gefängnis landeten, der Cà d'è Spiriti oder Cà d'è bàggiure, deren Reste sich auf der Piazza di San Dalmazio oben im Ort befinden.
Es scheint, als ob die Geister der unglücklichen Frauen noch immer Nacht für Nacht über die Piazza della Collegiata streifen, die ihre Seufzer, ihre Wut, das Flehen gehört hat und bei den Prozessen und Strafen zusehen mußte.
Die Kirche, die dem Platz den Namen gibt, ist ein grandioses Gebäude, das, wie es scheint, auf den Trümmern eines heidnischen Fanum errichtet wurde. Die Fassade hat neoklassischen Charakter. Denn spätere Baumaßnahmen haben den romanisch-gotischen Stil verändert. Von der ursprünglichen Struktur blieben der untere Teil des Kirchturms und das gotische Portal mit Kalksteinpfosten und ovalem Bogen. Blöcke aus schwarzem und weißem Marmor wechseln sich ab. Schwach beleuchtet durch zwei Einzelfenster, befindet sich unter der Kollegialkirche das alte Oratorium von San Giovanni Battista. Große und kleine Schätze sind im Inneren anzutreffen: so zum Beispiel ein adlerförmiges Chorpult aus Holz im Chorgestühl der Kollegialkirche (18. Jahrhundert), ein altes kupfernes Taufbecken, das ein Handwerker dieser Gegend angefertigt hat, eine Tafel von Taddeo di Bartolo aus Siena aus dem Jahr 1397 (das älteste signierte Gemälde in Westligurien).
Triora – der Name stammt wahrscheinlich aus dem lateinischen tria ora, die drei kläffenden Mäuler des monströsen Hundes Zerberus, der sich vom Gemeindewappen abhebt, oder von den drei Schluchten, die sich an der Stelle abzeichnen, an der der Fluß Corte mit dem Argentina und dem Capriolo zusammenfließt, oder aber von den drei wichtigsten landwirtschaftlichen Erzeugnissen der Vergangenheit (Wein, Kastanien, Weizen) – muß wie ein Buch mit schönen Illustrationen sorgfältig angesehen werden. Die dominierende Position auf einem Bergrücken und das Grenzgebiet, in dem die Stadt liegt, haben ihr zu einer strategisch wichtigen Rolle verholfen. Von Triora aus konnte der Weg in die Poebene kontrolliert werden.

Seit dem Jahr 1000 verbirgt sich der Ort hinter der Stadtmauer. Die Häuser nehmen die Züge alter Türme an, die dunklen und engen Einschnitte der Caruggi werden zu einem Hindernis für eventuelle, wenn auch eher seltene Eindringlinge. Genua hatte seit 1260 die Rechtssprechung übernommen und verstärkte die Verteidigung durch den Bau eines Kastells mit Rundturm und einer Festung (heute befindet sich dort der Friedhof). Die Anlage diente als Zollstelle für Ligurien und Piemont. Militärische Gebäude wurden zusätzlich zu den bereits bestehenden Anlagen errichtet und ergänzten die Stadtmauer mit sieben Toren. In der Nähe der Porta Soprana diente die Schießscharte für den Angriff, während durch die gemauerte Öffnung die Zölle erhoben wurden.

Ungefähr dreißig Bauwerke, darunter Kirchen und Oratorien, sind erwähnenswert. Sowohl die Chiesa di San Bernardino mit den Fresken wie auch die Chiesa di Santa Caterina aus dem Jahr 1390 mit Formen, die be-

1 Cabotina
2 Fontana Soprana
3 Zisterne

A Porta Sottana
B Porta Peirana
C Porta della Fontana Sottana mit Rundbogen

A Fortezza della Colombara
B Fortezza di Santa Dalma
C Fortezza del Castello
D Il Fortino (heute Friedhof)
E Fortezza della Sella

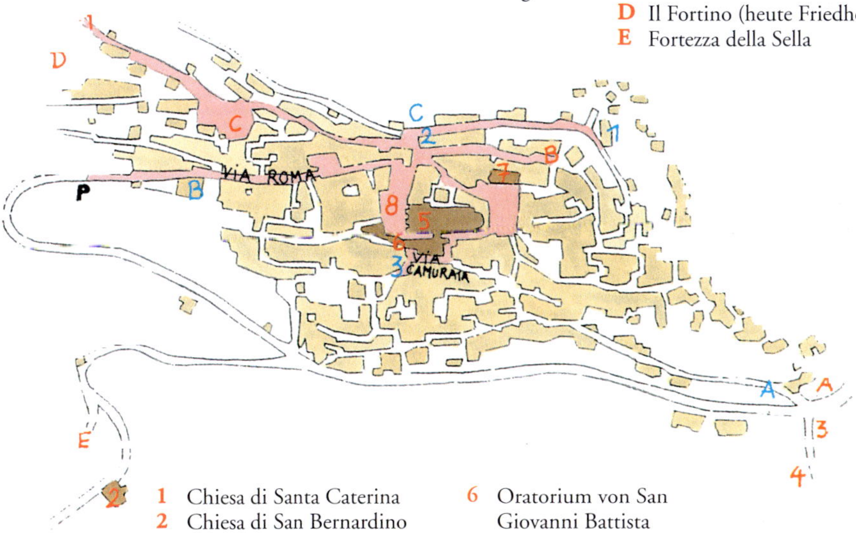

1 Chiesa di Santa Caterina
2 Chiesa di San Bernardino
3 Chiesa Madonna delle Grazie
4 Chiesetta del Buon Viaggio
5 Kollegialkirche
6 Oratorium von San Giovanni Battista
7 Chiesa di Santa Dalma
8 Altes Oratorium von San Giovanni Battista

reits die Renaissance ahnen lassen, sind interessant. Sie liegen beide außerhalb des Ortes. Außerdem gibt es eine Reihe von Patrizierhäusern, deren edle Portale von der Kultur und der Geschichte des Tals erzählen, die in Stein gehauen ist: künstlerische Ausdrucksformen mit teils religiösem, teils allegorischem, teils adligem Charakter, wie man sie überall in Westligurien trifft. Hier aber sind sie lebendiger und kreativer.

Die vielen winkligen Gassen bringen uns überall und nirgendwo hin. Der Ort scheint aus Plätzen, Treppen und Innenhöfen zu bestehen. Für Abwechslung sorgen die vier Brunnen; die Soprana speist über Steinkanäle und Schieferplatten die Sottana und die Zisterne. Der Brunnen wird durch friedliche Delphine verschönert. Der Schloßbrunnen hingegen ist seit einem Jahrhundert nicht mehr in Betrieb. Gutes Wasser und feinstes Mehl sind die Zutaten, die das Brot von Triora berühmt machen. Es sollte mit Pecorinokäse oder einem Bruzzo (fermentierter Ricotta) gegessen werden.

Mit der Viehzucht und der Forstwirtschaft war man hier immer vertraut – Triora lieferte das Holz für die ligurische Flotte. Angesichts der geographischen Lage ist das auch nicht weiter verwunderlich. Sanfte Berge wechseln sich schnell ab mit einer eher alpinen Landschaft, in

La Cabotina, der Ort, an dem sich angeblich die Hexen versammelten.

der Kastanienbäume und Pinien durch Lärchen ersetzt werden. Um den eigentlichen Ort herum liegen verstreut kleine Dörfer mit alpenländischem Charakter. Die Ortsteile **Realdo** und **Verdeggia** erreicht man über eine asphaltierte Straße von circa 10 km Länge. Diese Straße führt durch die wilde Natur des Hochtals, die praktisch noch unberührt ist. Nach der schwindelerregenden Brücke Ponte di Loreto (112 Meter Höhe und

143 Meter Länge) geht es weiter in Richtung **Cetta**, und eine Umleitung südlich von Triora führt nach **Corte**. Auch hier zeugen die Portale von der Kunst der Steinmetze. Wir gehen von hier aus weiter in das mittlere Tal, um dann sofort auf 315 Meter anzusteigen, nachdem wir an der Kreuzung in Richtung **Montalto** abgebogen sind. »Ein Schwalbennest am steilen Berg« lautet die poetische Definition, die mit der romantischen Geschichte zweier junger Brautleute zusammenhängt, die, um sich dem unannehmbaren *ius primae noctis* zu entziehen, ein sicheres Versteck in den Höhlen des Mons altus gefunden haben.

Heute heißt der Ort, an dem sich die jungen Leute niedergelassen haben, Montaldo. Rustikal und einsam liegt die Pieve di San Giorgio (Friedhofsgegend) mit dem spitzen und gewagten Kirchturm mitten in einer Olivenlandschaft. Die Schlüssel für die Besichtigung können in der Pfarrei abgeholt werden. Die Kirche besteht aus drei Schiffen, die von soliden Rundsäulen aus Kalkstein gehalten werden (vermutlich aus dem 12. Jahrhundert). Das Presbyterium wird von der Aula der Gläubigen durch eine niedrige Steinmauer getrennt und von einem Steinpult geschmückt. Bedeutende Fresken aus dem 14. Jahrhundert mischen spielerisch Farben und Licht. Die Struktur und Einfachheit der Einrichtung überträgt den Geist für das spirituell Wesentliche. Aus Sicherheitsgründen wurde der Flügelaltar von San Giorgio (1516), eines der Meisterwerke von Ludovico Brea aus Nizza, der in Montaldo seinen Lebensabend verbrachte, in die Pfarrkirche San Giovanni Battista gebracht.

Die Kirche San Bernardino in Triora, ein Gebäude aus dem späten Mittelalter mit einem Portico aus dem 15. Jahrhundert.

Der enge und dichtbesiedelte Ort zwischen Bergrücken und Abhang erzählt seine Geschichte anhand der Bauwerke (viele in Stein gemeißelte Portale). Die urbane Struktur ist durch enge Gassen, Winkel, Unterführungen, Hausflure, Gewölbe, seitliche Verbindungsgänge und insgesamt durch einen mittelalterlichen Einfluß gekennzeichnet. Ein Kuriosum ist der Ring auf dem Kirchplatz; dort wurden früher Missetäter an den Pran-

Hexen in Triora

Die Geschichte ist voll von Vorurteilen und Aberglauben, von Willkür und kurzem Prozeß, durch die Jahrhunderte hindurch. Die Hexen wurden vierhundert Jahre lang von den Mächtigen benutzt, um eine andere Meinung zu bestrafen und um das Ausleben der Angst über ein kollektives Ritual wie den Scheiterhaufen zu ermöglichen. Eine Flucht aus der Vernunft, gepaart mit religiösem Fanatismus. Die Folter war zu dieser Zeit allgemein üblich, und es verwundert daher nicht, daß in einem Dokument des Staatsarchivs von Genua aus dem Jahr 1492 steht, welche Qualen diese Unglücklichen über sich ergehen lassen mußten: »Die Schuldige muß über die Erde geschleift werden; dann wird ihr ein Feuermal in das Gesicht gebrannt oder die Nase abgeschnitten oder eines der Ohren, oder es wird ein Auge ausgestochen; es kommt darauf an, was der Bürgermeister für recht befindet.« Es ging weiter mit anderen Torturen. In Wirklichkeit waren die Bàggiure (wie man die Hexen in Triora nennt) häufig unglückselige Menschen, die an Nervenkrankheiten litten und aufgrund ihres »merkwürdigen« Verhaltens Verdacht erregten und Angst hervorriefen. Man glaubte auch, daß das Mutterkorn im Mehl, aus dem das Brot gebacken wurde, daran schuld sei; die Lysergsäure im Teig soll psychopathologische Störungen hervorgerufen haben. Es wurden auch Salben und Arzneien mit pflanzlichen Stoffen hergestellt, die Halluzinationen hervorriefen. In einigen Fällen wurde auch einfach ein etwas freieres Verhalten als Besessenheit vom Teufel ausgelegt, wobei eine Verbindung mit unzüchtigen Zusammenkünften hergestellt wurde (Hexensabbat). Die Hexe war also ein Phantasieprodukt des Neids, der Ignoranz, der Angst vor Epidemien, vor Hungersnöten und allgemein vor negativen Dingen. Dies waren die Umstände, die zu den Hexenprozessen in Triora geführt haben. Mit den Hexen glaubte man die Verantwortlichen gefunden zu haben, die den Wohlstand durch eine lange Hungersnot bedrohten. Ende des Sommers 1587 erreichten verschiedene anonyme Anzeigen das Bürgerparlament. Ungefähr dreißig Frauen aus Triora, Andagna, Castel Vittorio, Montalto, Badalucco und Baiardo wurden daraufhin gefoltert, eingesperrt und gequält. Die Vikare des Bischofs von Albenga und der Inquisitor aus Genua, die gerufen wurden, um sich des Falls anzunehmen, befanden anfänglich dreizehn Frauen, vier Mädchen und einen Jugendlichen der Hexerei für schuldig. Sie waren so eifrig mit Folterungen bei der Suche nach der Wahrheit, daß die sechzigjährige Isotta Stella nach den Quälereien starb und eine andere arme Frau den Sprung aus dem Fenster als letzten Ausweg ansah. Aber die Denunziation hatte sich auf einige ältere Frauen aus wichtigen Familien ausgedehnt. Die betroffenen Familien wandten sich an die Regierung in Genua, damit diese die unschuldigen Frauen von ihrer Qual befreite. Nachdem gewährleistet war, daß der Aristokratie nichts geschehen würde, beruhigten sich die Klagen. Die Ereignisse überstürzten sich mit der Ankunft des außerordentlichen Kommissars Giulio Scribani aus Genua, der die kirchlichen Vikare ersetzen sollte. Er begann die Hexenjagd mit blindem Fanatismus und ohne lange zu fackeln. Franchetta Borelli aus einer Patrizierfamilie in Triora war die einzige, die nicht gestand, während andere Grausamkeiten aller Art »gestanden«. Viele starben im Gefängnis an Krankheiten und Unterernährung. Einige wurden zur Todesstrafe verurteilt, andere erhielten vielleicht wieder die Freiheit. Alle jedoch wurden Opfer von Ignoranz und Unredlichkeit.

ger gestellt. Der Weg führt uns über zwölf Kilometer durch Olivenhaine, Kastanienwälder und Schlagwald und über Weiden, bis uns der Lavendelduft von **Colle d'Oggia** erreicht.

Wir sind bei unserem Anstieg an **Carpasio** vorbeigekommen. Dieser Ort lebte Anfang des 20. Jahrhunderts vor allem von Lavendel. Heute ist davon nichts mehr zu sehen. Wer möchte, daß seine Schubladen und Schränke gut duften, kann selbst Lavendel pflücken. Im Juni und Juli kann man häufig die blaulila Blüten sehen. Die Kräuterdestillation für die Gewinnung der wertvollen Essenz wird noch in Torre Paponi (über San Lorenzo al Mare) betrieben. In der Gegend wird auch Honig hergestellt. Es gibt entweder den intensiv duftenden, aromatischen Kastanienhonig oder den strohgelben Blütenhonig, der delikat und süß schmeckt. Thymian- und Lavendelhonig kommen ebenfalls vor.

Ein weiteres hervorragendes Gericht ist die Carpasina. Es handelt sich dabei um ein rundes und flaches, trockenes Gerstengebäck, das lange aufbewahrt werden kann, jedoch so trocken ist, daß man es einige Minuten in Wasser mit einigen Spritzern Essig einweichen muß, bevor man es mit etwas Knoblauch, Tomaten, Basilikum, Sardellen und natürlich feinstem Olivenöl zubereiten kann. Auch in der Architektur überwiegt die Schlichtheit. Die Häuser sind aus Stein gebaut und haben Schieferdächer. Die Pfarrkirche Sant'Antonio aus dem 15. Jahrhundert hat einen Kirchturm, der stark geneigt ist und mit einem anderen, berühmteren schiefen Turm konkurriert.

Von Colle d'Oggia führt eine Straße in das Alta Valle Impero. Die Verkehrsader verläuft durch dichtes und

Casella a Colle d'Oggia.

TIPS & INFOS

Ausführliche Informationen finden Sie auf Seite 103

CARPASIO

29 km von Sanremo
Einwohner: 206
Höhe: 715 m ü.d.M.
Postleitzahl: 18010
Vorwahl: 0184

Informationen

Municipio
Piazza Garibaldi
Tel. 4 90 17

ESSEN

Trattoria Il Casone
Regione Colle d'Oggia
Tel. 4 90 24
Mittwochs geschlossen

EINKAUFEN

Carpasine (Gerstenbrot)

Alimentari-Tabacchi
Piazza Garibaldi

Käse

Antonio Lanteri
Località Caselle

Honig

Antonio Saccheri
Strada Pratipiani, 4

Antonio Pastorelli
Località Costa, 2

TIPS & INFOS

Ausführliche Informationen finden Sie auf Seite 104

CONIO

30 km von Imperia
Einwohner: 176
Höhe: 622 m ü.d.M
Postleitzahl: 18021
Vorwahl: 0183

EINKAUFEN

Bohnen

Silvio Alberti
Via Giovanni XXIII, 12

Franco Gandolfo
Via Borghetto, 8

Gandolfo Tabacchi
Via della Chiesa

Pieve di Teco. Das außergewöhnliche Steinportal des Venerabile Ospitale di San Lazzaro von 1402.

abwechslungsreiches Grün, das in Kastanienbraun übergeht, um dann die Farben der Pinie, des wilden Ginsters, der Robinie und später der Oliven anzunehmen. Das erste Stück ist das Becken des Maro (der Name stammt ab von Mara, Sumpf), ein wasserhaltiges, teilweise auch schwefliges Gebiet. Unter anderem gehören Conio und Ville San Pietro dazu. Das Becken vereint Ciappariolo, Marpero, Barca, Costa und Case Soprane. Der Zusammenschluß der Orte wird von Wäldern unterbrochen. Am Ende des 17. Jahrhunderts wurde dort Pier Vincenzo Mela geboren, der die Tresterreinigung bei Oliven entdeckte und damit die Produktion um gut 5 % ansteigen ließ; das Öl war von minderwertiger Qualität und daher nur zu Beleuchtungszwecken oder für die Seifenherstellung geeignet. Weiter oben liegt **Conio**, die Heimat der Bohnen (Sagra im September). Es besteht seit jeher eine gewisse Rivalität mit Pigna und Badalucco, wer wohl die besten Bohnen anbaut. Für gute Bohnen ist die Reinheit und ausreichende Menge des Wassers von entscheidender Bedeutung. Der Fluß Impero in der Nähe des Ortes garantiert dafür. Wenn man durch den Ort bummelt und über die Via Cavour schlendert, kann man leicht die Ruinen des Kastells der Conti di Ventimiglia erreichen (vielleicht aus dem 12. bis 13. Jahrhundert), das durch einen Brand im letzten Krieg fast völlig zerstört wurde. Teilweise hat man mit dem Wiederaufbau begonnen (aber die 1984 begonnenen Arbeiten wurden wegen Geldmangels ausgesetzt).

In **Borgomaro** befindet man sich zwischen dem eher alpinen Teil Liguriens und dem Meer. Die traditionelle Wirtschaft ist eng mit dem Ölgeschäft verbunden, das heute noch hervorragend von Ölbauern und fähigen Ölmühlenbetreibern ausgeübt wird. Die alten Ölmühlen beweisen, daß dieser Zweig auf eine alte Tradition zurückblicken kann. Die Raffinationsbecken stehen am Ortsrand. Das Dorf ist im 15. Jahrhundert an den Ausläufern des Maro entstanden (1625 wurde es von den Genuesern zerstört, gegen die die Savoyer kämpften). Es hat sich dann weiter nach unten ausgedehnt, bis zu den beiden Brücken, die über den Impero führen. Am linken Ufer steht ein Verteidi-

Pieve di Teco

Weiden, einfache Steinhäuser, Lavendelfelder säumen die Verbindungsstraße zwischen Colle d'Oggia und Colle San Bartolomeo, die auf dem Bergrücken zwischen dem Tal des Impero und dem Becken des Arroscia entlangführt. Es geht hinab durch den Wald und dann auf die Staatsstraße 28. An der Stelle, an der mehrere Täler zusammentreffen, liegt der alte Ort Pieve di Teco, der 1230 von den Einwohnern des Alta Valle Arroscia gegründet wurde. Früher war dieser Verbindungsweg als »Salzstraße« bekannt. Die Übergänge waren für das Wachstum und die Entwicklung dieser Ansiedlung von entscheidender Bedeutung. Pieve nahm zwischen 1300 und 1400 seine endgültige Form an, ohne in der Zwischenzeit große Verluste zu erleiden. Die Hauptstraße (Corso Ponzoni) hat links und rechts mittelalterliche Laubengänge, deren ungleiche Rundbögen und Kreuzgewölbe zu Beginn des Jahrhunderts das Klopfen der Flickschuster wiedergaben, die über die Jahrhunderte hervorragendes Schuhwerk herstellten. Die Gebäude gehörten adligen Familien, wie man an einigen Steinportalen feststellen kann (s. Foto auf Seite 76). Zu den anderen Denkmälern gehören das Augustinerkloster, das einen schönen Kreuzgang aus dem 15. Jahrhundert besitzt, das Oratorio di San Giovanni Battista (Via Eula), das mit Damast und Samt aus der damaligen Zeit geschmückt ist, die Kirche Madonna della Ripa, die alte Pfarrei, um die der Ort und die Kollegialkirche San Giovanni Battista entstanden. In der Kirche befinden sich drei große halbkreisförmige Räume, die als Dreieck angeordnet sind und über denen sich eine ungewöhnliche Decke befindet. Hinter der Kollegialkirche steigt man zum Franziskanerkloster hinauf. Von dort aus hat man einen Blick auf den Ort, das Tal und den »Wald der Kapuziner«. Traditionell werden Oliven angebaut. Ormeasco und Pigato gehören zu den besten Weinen Westliguriens.

Ausgangs- und Zielort:
COLLE D'OGGIA

Länge:
35 KM

Voraussichtliche Dauer des Ausflugs:
3 STD.

Ausführliche Informationen zu Pieve di Teco finden Sie auf Seite 113ff.

TIPS & INFOS
Ausführliche Informationen finden Sie auf Seite 102

BORGOMARO

16,5 km von Imperia
Einwohner: 1034
Höhe: 200 m ü.d.M.
Postleitzahl: 18021
Vorwahl: 0183

Informationen

Municipio
Via Guglieri, 16
Tel. 5 43 72

gungsturm und auf der rechten Seite der spitze Kirchturm der Pfarrkirche Sant'Antonio Abate, die über eine außergewöhnliche Anzahl Altäre verfügt sowie über eine Kanzel aus mehrfarbigem Marmor mit Intarsien aus Halbedelsteinen. Auch die Chiesa dei Santi Nazario e Celso ist einen Besuch wert. Die Originalanlage könnte aus der Zeit vor dem Jahr 1000 stammen. Die Ergänzungen und Umbauten erfolgten später. Sie ist mit Reliefskulpturen verziert, das Hauptportal trägt ein kranzförmiges Motiv aus schwarzem Stein. Am anderen Eingang sieht man das Wappen des Gran Bastardo di Savoia (Renato) zusammen mit dem Wappen der Lascaris. Die Pfarrei liegt einsam in der Landschaft, nachdem man die Straße nach Maro Castello nach einer kurzen Rechtskurve verlassen hat.
Alternativ dazu könnte man auf der gegenüberliegenden Seite einen schönen Spaziergang bis nach **Candeasco** machen (der Aufstieg zu Fuß beginnt in Borgomaro). Es handelt sich um den Geburtsort einer Architektenfami-

Ormeasco, ein piemontesischer Wein aus Ligurien

Der glücklichen Eingebung eines Marchese di Clavesana, einem Verfechter von Qualität und gutem Ertrag, verdanken wir anscheinend die Entwicklung des Dolcetto. 1303 wurde dem Bürgermeister von Pornassio befohlen, ein Edikt zu erlassen, das den Anbau in dieser Gegend verbot. Ungehorsam konnte das Leben kosten. Clavesana vollbrachte jedoch keine echte Ruhmestat, sondern gelangte lediglich zu der Erkenntnis, daß bei der Höhe (600 m) nur dieser Weinstock gedeihen konnte.
Der Rotwein aus den Bergen erhielt den Namen Ormeasco, der von der Stadt Ormea (Cuneo) abstammt, dem Kernstück der Markgrafschaft, aber in früheren Jahren auch Ausgangspunkt der Sarazenenstreifzüge, durch die der Wein wohl in die Gegend gelangt ist.
Die moderne Ordnung (der Ormeasco gehört zu den DOC-Weinen der Riviera Ligure di Ponente, die 1988 eingeführt wurde) gibt etwa zwanzig Gemeinden in der Provinz von Imperia an, in denen der Wein produziert wird. Von Bedeutung sind dabei nur die Mengen, die in der Gegend von Pornassio, Pieve di Teco und Vessalico hergestellt werden.
Im Glas schimmert der Wein rubinrot, er riecht frisch und jung und gleicht reifen, süßen, violetten, dunklen Kirschen. Voll im Geschmack, warm und harmonisch weich, begleitet der Wein aus dem Hochtal sehr gut Kaninchen mit Oliven, Schnecken auf ligurische Art, Wild und halbfeste Käsesorten. Neben der einfachen Version gibt es auch die Qualität »Superiore« (Mindestgesamtalkohol 12,5 %; der Wein wird ab November nach der Lese zum Verkauf angeboten) und den »Sciac-trà«, der teilweise weiß verarbeitet wird.

lie, der Marvaldi, die reichlich zur Blüte des kapriziösen Barockstils in den Tälern von Imperia beigetragen hat. Man genießt einen weiten Blick vom Kloster der reformierten Franziskaner aus.
Danach kommt **Aurigo**, das ebenfalls in einem Olivenanbaugebiet liegt. Auch hier wird Schiefer verarbeitet. Es wiederholen sich die zahlreichen Türschilder mit Schmuckornamenten und Friesen.
Der Palazzo De Gubernatis und der Palazzo di Bianco Federico di San Secondo an der Piazza Castello sind architektonisch am interessantesten. Die Wallfahrtskirche, die San Paolo geweiht ist, blickt auf den Kirchplatz, der unter dem Schatten der Roßkastanien liegt.

EINKAUFEN

Süßigkeiten

Panetteria Gandolfo
Via Merano, 40

Öl

Laura Marvaldi
Piazza della Chiesa, 1
Tel. 5 40 31

Mittelalterliche Brücke in San Lazzaro Reale.

Man kann noch einige Säulen sehen und hier und da einen Säulenknauf, mittelalterliche Reste aus der Renovierung im 16. Jahrhundert. Der Flügelaltar hinter dem Hauptaltar, in einem Stuckrahmen, trägt das Datum des Jahres 1569 und ist ein Werk von Pancalino.
An der Einmündung in die Staatsstraße, wo der Rio Tresenda in den Impero fließt, liegt **San Lazzaro Reale**. Seine Brücke mit den beiden Bögen und dem Mittelpfeiler, der fest auf den großen Platten des Flußbetts ruht, bildet ein Beispiel für architektonisch gelungenen Straßenbau im Mittelalter. Im weiteren Verlauf wird die Straße bei Borgoratto schmäler und windet sich über einen Bergrücken bis auf 500 m hinauf nach **Lucinasco**, einem der vielen Orte am Berg, die ein gutes Beispiel für die unvergängliche Tradition des Öls in Westligurien sind. Für einige handelt es sich um eine Berufung, die

TIPS & INFOS

Ausführliche Informationen finden Sie auf Seite 112

LUCINASCO

15 km von Imperia
Einwohner: 296
Höhe: 499 m ü.d.M
Postleitzahl: 18020
Vorwahl: 0183

Informationen

Municipio
Via Roma, 21
Tel. 5 24 25

EINKAUFEN

Öl

Dino Abbo
Salita Costa, 16
Tel. 5 24 11

über den Anbau und die sorgfältige Ernte hinausgeht. Der Erfolg zeigt sich beim Pressen und beim Verkauf des eigenen Produkts. Das alte Dorf auf dem Bergrücken schaut sowohl auf das Valle d'Oneglia als auch auf das Valle del Maro, über das es seit jeher wacht. Westlich vom Ort liegt in einer vom Menschen urbar gemachten Gegend, die durch die schöne Natur besticht (der kleine See mit Weiden, Lärchen und Zypressen ist wunderschön), die einfache Pfarrkirche Santo Stefano. Am Abend erscheint das Bild wie verzaubert und gleicht einem Traum.
Nach einer halben Stunde Fußweg auf der Straße, die an der Kirche entlangführt, hält man sich links (Richtung Monte Acquarone) und erreicht über eine ebene Strecke, die durch Eichenwälder in ein Stück unberührte Natur führt, die Wallfahrtskirche **Maddalena**. Das herrliche und einsame Gebäude überrascht und verzaubert. Die Kirche stammt aus dem 15.Jahrhundert und ist noch hervorragend erhalten. Die Originalfassade und die Schmuckelemente sind noch vorhanden. Das Kirchenportal aus hellem Stein wirkt elegant und schlicht zugleich. Darüber befindet sich eine durchbrochene Rosette. Die Wallfahrtskirche gilt als »eine der wichtigsten Ausdrucksformen des Lebens und der Architektur Westliguriens im späten Mittelalter«. Wenn man sich beim Pfarrer den Schlüssel holt, kann man die Kirche besichtigen. Es ist ebenfalls möglich, das Museum für sakrale Kunst im Oratorio di San Giovanni zu besichtigen und die Werke von Lazzaro Acquarone, einem Kaufmann, dessen Hobby die Bildhauerei war und der zwischen dem 16. und dem 17. Jahrhundert mit großem Können Marmor und Stein bearbeitete.

Santo Stefano in Lucinasco.

Von Chiusanico nehmen wir dann die Staatsstraße und halten in **Pontedassio** an. Eine nicht mehr vorhandene Brücke (die auch im Gemeindewappen ist) gab dem Ort seinen Namen. Die rege Landwirtschaft verlieh ihm das Prestige des reichsten und wichtigsten Ortes im Tal. Das mächtige und gut befestigte Castello di Bestagno und der Torre di Santa Lucia schützten den Ort und gaben ihm Sicherheit. Auf Wohlstand und Reichtum deuten einige architektonische Zeichen aus dem 14. und 15. Jahrhundert an Privathäusern hin. Ein noch weiter zurückliegendes Beispiel sind die Quadersteine aus dem 13. Jahrhundert mit ovalen Bögen, die zum Haus in der Via Cavallotti im Vorort Sant'Anna gehören (oberhalb der Staatsstraße). Das Motiv des ovalen Bogens kehrt in der Via Garibaldi, einer parallel zum Fluß verlaufenden Straße, an einem der ältesten Brunnen des Tals wieder. In das Gewölbe sind zwei Hähne mittelalterlicher Tradition gemeißelt, während sich darüber eine Ädikula aus

Der Eingang zur Pfarrkirche Santo Stefano in Lucinasco.

Aromatisch und fruchtig

Das Wort Pigato läßt etymologisch zwei mögliche Erklärungen zu. Einmal würde die Herkunft in der Dialektform »Piga« zu suchen sein, der rostige kleine Fleck, der häufig die Beeren bedeckt. Die andere Möglichkeit wäre eine etwas kultiviertere Interpretation, das heißt der Ursprung wird aus dem lateinischen »Picatum« abgeleitet, einem Wein, der mit harzigen Substanzen und Pech aromatisiert wurde (bekanntlich haben die Römer die Weinamphoren innen mit Pech ausgestrichen). Es bleibt in diesem Fall aber die Frage, warum gerade dieser Wein so heißt, wo es sich doch um ein absolut gebräuchliches System der Haltbarmachung handelt. Auch die Herkunft der Weinrebe ist unbekannt. Sie ähnelt der Vermentino-Rebe und wurde bis Ende des 19. Jahrhunderts oft mit ihr verwechselt. Der »Pigà« erscheint zusammen mit dem »Vermentino pigato« und anderen weißen Rebsorten aus der Gegend von Albenga im »Bollettino ampelografico« aus dem Jahr 1883 und führt offensichtlich zu einer gewissen Verwirrung. Einige Forscher behaupten, daß der Wein ursprünglich aus Griechenland stammt, und Martial schreibt von einer »Uva picata«, die er in der Nähe von Vienne gefunden hat; in Ligurien traf diese Sorte um das Jahr 1600 ein.

Die Weinstöcke, die in Reihen und Pergeln gezogen werden, lieben sonnige Gegenden und rote Böden. In der Nähe von Albenga und in der Valle Arroscia wird eine gute Qualität produziert. Natürlich gehört dieser Wein zu den DOC-Weinen der westlichen Riviera Liguriens. Er wird zu den Speisen des Landes getrunken: Gemüsesuppen, Pilzsalate, Goldbrasse in Folie, Seebarsch im Topf, Fischsuppe. Ein herber Wein mit guter Konsistenz und intensivem Duft (Obst, Honig, Blumen, Kräuter), mit vollem, trockenem und würzigem Geschmack.

dem 18. Jahrhundert befindet, die der Jungfrau Maria geweiht ist. In derselben Straße, die einmal die Hauptverkehrsader des Ortes war, befindet sich das Geburtshaus der Nudelfabrikanten Agnesi. Es war Paolo Agnesi, der 1824 »die Mühle jenseits der Brücke« kaufte, die das Wappen der Savoyer trug; er sicherte sich gleichzeitig die Genehmigung, das gesamte Korn, das im Bezirk benötigt wurde, zu mahlen. Ungefähr sechzig Jahre später blühte die Tätigkeit derart, daß neue Räume, Maschinen und zusätzliche Rohstoffe gekauft werden mußten (russischer Weizen). Die Agnesi entschlossen sich auch zur Verarbeitung des Produkts und bauten neben der Mühle die erste Teigwarenfabrik. Das Familienunternehmen wurde dann nach Oneglia verlegt und an die Bahn und den Hafen angeschlossen, um mit entsprechender Qualität auf den nationalen und internationalen Markt zu kommen. So tauchte die vergessene ligurische Tradition der trockenen Teigwaren wieder auf.

Pontedassio
Mittelalterlicher Brunnen mit Ädikula aus dem 18. Jahrhundert in der Via Garibaldi.

Laut einer notariellen Urkunde aus dem Jahr 1279 (bei der es sich um die Aufzählung der von einem gewissen Ponzio Bastone vererbten Güter handelt, die »una bariscella plena de macaronis« – eine Schüssel Makkaroni – enthält) gebührt Genua der Preis für das Trocknen von Teigwaren, auch wenn viele glauben, daß es sich dabei um eine neapolitanische Tradition handelt. Eine Kunst, die im folgenden Jahrhundert von Lasagneherstellern weiterentwickelt wurde. Die Perfektion ging weiter, wie wir aus einer Satzung aus dem Jahr 1547 erfahren, die die Regeln für die Kunst der »Fidellari«, der Fadennudeln festlegte. Diese Pasta hatte Erfolg, und auch Andrea Doria kaufte »hundert Pfund Fadennudeln« für das Bankett zu Ehren von Margarete von Österreich.

Die letzte Etappe auf dem Weg zur Hauptstadt schmeckt schon eindeutig nach Salzwasser und Meer. Wir lassen die Olivenhügel und die »Öldörfer« hinter uns und entdecken in **Oneglia** die industrielle Seite der Herstellung. In diesem Ölzentrum, in dem man die Raffinerien riecht, finden wir modernste Unternehmen, wie Golia und Fratelli Carli, neben kleineren, eher handwerklichen Betrieben wie Davide.

Der Duft der ligurischen Küche

Das Gold Westliguriens, würzig und delikat, süß, frisch und fruchtig, speziell in der Provinz Imperia, erhält man aus der »Oliva Taggiasca«. Das Öl findet man als wesentliches Element in der regionalen Küche wieder. Gemüse, Fisch, Eier, Omelettes werden mit Olivenöl fritiert, Fleisch, Soßen, Gerichte und viele andere Zubereitungen damit raffiniert verfeinert.

Die dichten Kastanienwälder – die lange Zeit der einzige Reichtum Liguriens waren und deren Früchte man frisch, getrocknet oder gemahlen zu sich nahm – überließen ihren Platz den Oliven, Weinstöcken und Obstbäumen. Es überwogen Zitronen, Zedern und Orangenbäume, die teilweise heute noch das landwirtschaftliche Vermögen dieser Gegend darstellen. Später kam der Gemüseanbau dazu, Ackerbohnen, Kartoffeln (Gnocchi!), Tomaten, die zusammen mit Öl und Brot die Speise der Bauern waren. In der Pisciadela und der Sardenaira, den »Pizze Ponentine« und später – im 20. Jahrhundert – tauchte das Öl in der Soße der Ravioli und in einigen Fischzubereitungen auf.

In Ligurien wurde immer die Viehzucht vernachlässigt; man hat sich auf Kaninchen und Hühner für den Hausgebrauch beschränkt. Was den Fisch anbelangt, ist der Vorrat des Ligurischen Meeres eher begrenzt. Der Fischfang hat daher einen geringen Stellenwert. In der traditionellen Küche finden wir daher eher selten Fischgerichte. Fester Bestandteil der Fischgerichte sind meist »einfache«, aber wohlschmeckende Fische. Hauptsächlich wird auf Meeresfrüchte und Heringsfische zurückgegriffen. Unverzichtbarer Bestandteil der ligurischen Küche ist ein »fremder« Fisch, der gadus morrhua (Dorsch), der sowohl als Stockfisch als auch als Baccalà zubereitet wird.

Die Stärke der westligurischen Küche liegt ohne Zweifel in der Zubereitung der Gemüse – Hülsenfrüchte und Getreide eingeschlossen. Hunderte von Rezepten machen Vorschläge für die Verarbeitung in Torten, für die Füllung von Gemüse und Teigwaren, für fritiertes Gemüse und für Suppen und Minestrone.

Diese charakteristische Eigenschaft wird zudem ergänzt durch den großzügigen Gebrauch von Kräutern, die den vollen und einzigartigen Geschmack noch unterstreichen. Basilikum, Knoblauch, die wesentlichen Bestandteile des Pesto, sind berühmt und würzen viele Gerichte allein oder zusammen mit anderen Wildkräutern (Oregano, Thymian, Rosmarin, Majoran, Salbei …).

Die ligurische Küche ist eine feine Kunst, voller Phantasie, einfach und unverfälscht, wie die Leute aus dieser Gegend.

TIPS & INFOS

Ausführliche Informationen finden Sie auf Seite 108ff.

IMPERIA

Einwohner: 41 609
Höhe: 22 m ü.d.M.
Postleitzahl: 18100
Vorwahl: 0183

Informationen

Azienda di Promozione Turistica
Viale Matteotti, 54A
Tel. 2 49 47

Museen

Museo Navale
Piazza Duomo, 11
Tel. 65 15 41
Porto Maurizio
Öffnungszeiten:
Mittwochs 17–19.30
Samstags 17–19.30

Pinacoteca Civica
Piazza Duomo
Tel. 6 11 36
Porto Maurizio

Museo dell'Olivo
Via Garessio, 13
Oneglia
Tel. 29 05 05
Öffnungszeiten: täglich außer dienstags und sonntags: 9–12/15–18

ÜBERNACHTEN

Albergo Hotel Corallo
Corso Garibaldi, 29
Porto Maurizio
Tel. 66 62 64

Agriturismo L'Alpicella
Via Diano Calderina, 284
Oneglia
Tel. 27 38 55

Das Angebot ist verwirrend und sehr komplex. Die Bezeichnung »Extravergine« garantiert einen maximalen Säuregehalt von 1 %, gibt aber bisher noch keinen Aufschluß über die Herkunft. Es kann passieren, daß man zwar überzeugt ist, Öl gekauft zu haben, das aus Taggiascaoliven gewonnen wurde, daß dieses Öl aber in Wirklichkeit das Ergebnis einer geschickten Mischung ist. Ohne die Qualität dieser Öle kritisieren zu wollen (viele von Ihnen sind ausgezeichnet), entspricht das Verschweigen der Herkunft auf dem Etikett nicht der Transparenz und Genauigkeit, die man den Verbrauchern schuldet. Jetzt beugen dem vielleicht die in den EG-Vorschriften vorgesehenen DOC-Öle vor. Sie werden entsprechend definiert, und es wird über die Eigenschaften und Vorzüge der Sorte, die Anbau- und Erntemethoden informiert. Die Glaubwürdigkeit hängt jedoch größtenteils von der Strenge der Produktionsvorschriften ab.

Oneglia war über die Jahrhunderte der Zugang der Savoyer zum Meer. Der Ort trägt offensichtlich die Zeichen des piemontesischen Einflusses. Der Hafen ist sowohl für die Lebensmittelindustrie als auch für die Fischerei von Bedeutung. Der Fischfang wird täglich am Großmarkt verkauft. Die Restaurants und Fischläden kaufen hier unter den Gewölben am Pier und übernehmen den Weiterverkauf.

Meeresküche also? Aber auch die eher erdverbundene Küche ist mit einem einfachen, jedoch sehr schmackhaften Gericht vertreten: der Farinata. Der Teig wird aus Kichererbsenmehl, Olivenöl, Wasser und Salz hergestellt und ist ebenso wie der Pesto das Gericht Genuas und ganz Westliguriens schlechthin. Genua hat die Küche Westliguriens entscheidend geprägt. A Fainà wurde von den Ligurern immer sehr geschätzt. Sie hielten sich zwar nicht für die Erfinder der Farinata, aber sie beanspruchten für sich die traditionelle und immer noch geschätzte Art der Zubereitung.

Im 15. Jahrhundert haben sie die alte Scripilita sogar mit einem Dekret verteidigt, das die Verwendung von schlechtem Öl für die Zubereitung verbot, während drei Jahrhunderte später ein unbekannter Liebhaber dieses Gericht folgendermaßen lobte: »Se ne prendi con due dita/una fetta, e l'assapora/e di s'hai mangiato ancora/cosa tanto prelibata ...« (Man nimmt sie mit zwei Fingern und versucht sie, sie schmeckt, als ob man noch nie etwas so Köstliches gegessen hat). Der Duft breitet sich in den Gassen aus, auf die Piazzetta, die goldene und

krosse Farinata wird auf einem Marmor- oder Schiefertresen serviert: warm, dünn, wohlschmeckend, schnell durchgeschnitten und leicht, ganz einfach, mit schwarzem frischem Pfeffer bestäubt! Die Phantasie hat viele andere Varianten ermöglicht: die Farinata mit Zwiebeln, mit Rosmarin, mit kleinen, fritierten Fischen ...
Bei einer Stadtbesichtigung sollte man unbedingt in der Via Fanny Roncati bei der launigen Villa Grock vorbeischauen. Sie befindet sich im Ortsteil Cascine, der zwischen dem 19. und dem 20. Jahrhundert entstanden ist. Der Schweizer Adrien Wettach, dessen Künstlername Clown Grock war, hat dieses orientalisch angehauchte Haus gebaut. Unter dem Dach des Türmchens

Blick auf Porto Maurizio mit Parrasio, der mittelalterlichen Akropolis der Stadt mit antiken Resten auf der Landzunge, und den Hafen, der früher ein Fischereihafen war und heute von Touristen genutzt wird.

befindet sich ein Medaillon mit seiner Maske. Weiter vorne, auf dem Hügel, liegt die barocke Kirche San Luca, von der aus man eine schöne Aussicht hat.
Einige hundert Meter nach der Pfarrei führt die befahrbare Privatstraße Via Molino dei Giusi zur Pineta degli Spinelli, von wo aus man einen herrlichen Blick auf die Stadt und die ligurischen Alpen hat. Man kommt am Molino dei Giusi vorbei, einem Rundbau, der früher vielleicht einmal eine Windmühle war. Man sollte unbedingt im einzigartigen Museo dell'Olivo vorbeischauen, das die Fratelli Carli (Versandhaus mit Öl, Oliven usw.) in einem Jugendstilhaus neben dem Werk eingerichtet haben. Dem Besucher bietet sich eine Fülle von Dokumenten, Werkzeugen, Maschinen, Antiquitäten, archäologischen Funden aus der Geschichte des

ESSEN

Convivium*
Via Vecchie Carceri, 19
Porto Maurizio
Tel. 6 17 80
Sonntags geschlossen

Lanterna Blu**
Via Scarincio, 32
Porto Maurizio
Tel. 6 38 59
Dienstag- und Mittwochmittag geschlossen

Osteria dell'olio grosso
Piazza Parrasio, 36
Porto Maurizio
Tel. 6 08 15
Mittwochs geschlossen

La Ruota*
Via Largo Varese, 25
Porto Maurizio
Tel. 6 12 06
Donnerstags geschlossen

Enoteca Pane e Vino
Via De Geneys, 52
Oneglia
Tel. 29 00 44
Mittwoch- und Sonntagmittag geschlossen

U Papa
Piazza Andrea Doria, 13
Oneglia
kein Telefon, sonntags geschlossen

EINKAUFEN

Acciughe salate

Pescheria da U Balinciu
Calata Cuneo, 77
Oneglia

Süßigkeiten, Eis, Kaffee

Grancaffè Novecento
Via Cascione, 14
Porto Maurizio

Pasticceria Piccardo
Piazza Dante, 1
Oneglia

Farinata, Torta Verde, Piscialandrea, Focaccia

Ai due amici
Via Monti, 30
Oneglia

Bar L'Oasi
Via Sant'Antonio, 19
Porto Maurizio

Bar Pepito
Via Cascione, 31
Porto Maurizio

Öl, Mixed Pickles

L'Alpicella
Via Diano Calderina, 284 bis
Oneglia
Tel. 27 60 82

Frantoio Bianco
Via Nazionale, 245
Tel. 2 23 87
Oneglia

Empolio
Le delizie del frantoio
Via Don Bellone, 8
Borgo d'Oneglia
Piazza De Amicis, 18
Oneglia

Torten und Sandwich

The Black Horse
Vico del Moretto, 2
Oneglia

Wein

Enoteca Fratelli Lupi
Via Monti, 13
Oneglia

WEINKELLEREIEN

Tenuta Colle dei Bardellini
Località Sant'Agata
Tel. 2 13 70

Olivenbaumes, der die Menschen des Mittelmeerraums geprägt hat. Das Museum ist einzig in seiner Art.
Porto Maurizio hielt Genua die Treue gegen Oneglia, das unter dem Einfluß der Savoyer stand und auf der anderen Seite des Flusses lag. 1923 vereinten sich die beiden Orte zu Imperia. Zum modernen Porto Maurizio gehört die mittelalterliche Anlage des Parrasio, die antike Akropolis der Stadt auf der Landzunge (die früher gemauert war), die Marina, die früher den Fischern gehörte und heute als Sporthafen verwendet wird. Ein kleiner Spaziergang am Meer führt nach Foce, einem anziehenden Fischerort. Im Westen liegen La Fondura und La Crocera. Im Herzen der Altstadt auf der Piazza del Duomo, der im 18. Jahrhundert geschaffen wurde, thront der imposante Bau der Kollegialkirche San Maurizio. Die Kirche hat neoklassische Formen und außergewöhnliche Proportionen. Die Bauzeit betrug 39 Jahre.
Auf demselben Platz hat das Museo Navale del Ponente Ligure seinen Sitz im ehemaligen Gemeindehaus. Eine geheimnisvollere Faszination üben die herrlichen Logge di Santa Chiara aus (in der Via del Monastero), die aus alten Befestigungswerken entstanden und zum Meer hin offen sind.
In der Nähe erscheint über einer Anhöhe die Fassade mit drei Arkaden der alten Chiesa di San Pietro. Neben der Kirche steht ein runder Turm, der früher als Wachturm diente. Dahinter steht der Palazzo Lavagna aus dem 17. Jahrhundert (vormals Palazzo Gastaldi), wo Napoleon sich vor dem Italienfeldzug aufhielt. Ebenso von Interesse ist der Palazzo Pagliari (in der gleichnamigen Straße) aus dem 15. Jahrhundert.

Fresken aus dem 17. Jahrhundert in der alten »Bitega du Spezia«, die heute leider nur noch ein Lager ist.

Unter dem Parrasio führt ein Tunnel hindurch, der die Verbindung zur Valle di Caramagna herstellt. An einer Gabelung muß man sich entscheiden: Montegrazie rechts, Moltedo links. Hier hielt sich Antonis van Dyck, der große flämische Künstler, auf, der nicht nur Ligurien, sondern auch eine junge Patrizierin aus Genua liebte. Paolina Adorno, das süße Mädchen, war dem Conte Antongiulio Brignole als Braut versprochen worden. Sie stand dem Flamen Modell, und es entflammte sofort eine heiße Liebe. Ein Verzicht war unmöglich. Van Dyck entführte sie am Hochzeitstag. Um den Mördern des beleidigten Bräutigams und den strengen Gesetzen der Republik von Genua zu entgehen, flohen sie nach Moltedo, auf das Territorium der Savoyer. In dieser Zeit malte der Künstler die Heilige Familie (1645) und verlieh der Jungfrau Maria eine gewisse Ähnlichkeit mit seiner Geliebten. Das Bild wird in der Pfarrkirche von San Bernardo aufbewahrt. Vor kurzem wurde die Echtheit des Werks angefochten – einige behaupten, daß Jean Roos, ein anderer Flame, der Maler war.

Dolcedo war im Mittelalter ein wichtiger Ort. Von der ruhmreichen Vergangenheit zeugen noch einige Straßen und Bauwerke.

Auf der anderen Seite des Tals liegt die Wallfahrtskirche **Montegrazie** (1450). Sie hat eine schöne, von Olivenbäumen geschützte Lage auf dem Hügel, über dem Ort, dem sie den Namen gab. Das Gebäude ist aus Quadersteinen errichtet worden und beherbergt in seinem Inneren Werke aus dem 15. und dem 16. Jahrhundert, darunter die wichtigsten Werke aus der Gegend von Imperia. Der außergewöhnliche Flügelaltar des Mailänders Carlo Braccesco (1478) wurde aus Sicherheitsgründen in die Pfarrkirche verlegt.

Das Hinterland von Porto Maurizio mündet in das Valle del Prino, das breiter und größer ist als die anderen Täler und das später zum Valle di Prelà wird.

Von Caramagna aus fährt man in Richtung Osten und hält in **Vasia** an, das für den höchsten Kirchturm des Tales berühmt ist sowie für gutes Öl. Man kommt dann über eine landschaftlich schöne Strecke nach **Pianavia** und weiter hinunter nach **Prelà** und **Dolcedo**, die

Dolcedo.
Hohlmaße aus dem Jahr 1613.

vom Prino getrennt werden. Der Fluß treibt unaufhörlich die Mühlen und Ölmühlen an. Über den Prino führt der Ponte dei Cavalieri di Malta aus dem 13. Jahrhundert und verbindet die beiden Orte.
Im Mittelalter war hier das Zentrum des »Stadtdrittels« von San Tommaso. Die Leichtigkeit vergangener Zeiten ist geblieben, und einige Details zeugen von der Bedeutung in der Vergangenheit. Der Ort ist um die Kirche herum entstanden und besteht aus vielen Ortsteilen inmitten von Olivenhainen. Die Piazza ist der zentrale Punkt, an dem sich das soziale und religiöse Leben abspielte und Handel getrieben wurde.
Nicht zufällig finden wir dort die antike Loggia del Comune dort, wo einige Hohlmaße aus dem Jahr 1613 aufbewahrt werden. Mit wenigen Schritten erreicht man die Pfarrkirche San Tommaso Apostolo. Am linken Ufer stehen alte Häuser mit offenen Altanen (die als Trockenraum und Lebensmittellager fungierten). Die Bitega du Spezia (Apotheke), eine mittelalterliche Bottega mit Fresken aus dem 17. Jahrhundert, befindet sich im Erdgeschoß (Via Mameli, 26). Sie ist in Privatbesitz und dient zur Zeit als Lager. Wer Glück hat, kann sie besichtigen. Der Rundgang endet mit dem Turm von Prarola, einer Bastion gegen die Barbaren im 16. Jahrhundert, die sich heute in gutem Zustand befindet und den Sturmwellen trotzt.

Wenn man durch den Ponente fährt, trifft man immer wieder auf alte Ölmühlen, die noch funktionstüchtig oder außer Betrieb sind. Auf dem Foto sehen wir einen verlassenen Mahlstein.

TIPS & INFOS

Ausführliche Informationen finden Sie auf Seite 108

DOLCEDO

8 km von Imperia-Porto Maurizio
Einwohner: 1158
Höhe: 77 m ü.d.M.
Postleitzahl: 18024
Vorwahl: 0183

EINKAUFEN

Öl

Frantoio Bensa
Via Dolcedo, 180
Tel. 28 01 32

TIPS & INFOS

Ausführliche Informationen finden Sie auf Seite 123

VASIA

11 km von Imperia-Porto Maurizio
Einwohner: 74
Höhe: 385 m ü.d.M.
Postleitzahl: 18020
Vorwahl: 0183

ESSEN

Trattoria dell'Ulivo
Via Case Martini, 4
Tel. 28 21 79
Montags geschlossen

EINKAUFEN

Öl

Mauro e Roberto Saluzzo
c/o Trattoria dell'Ulivo
Via Case Martini, 4

Die »Terre Bianche« von Brunetti in der Gemeinde Camporosso. Es handelt sich um eine Gesteinsformation, die man unbedingt ansehen sollte.

Ausgangsort:
ONEGLIA

Zielort:
CERVO

Länge:
40 KM

Voraussichtliche Dauer des Ausflugs:

1 TAG

Von Oneglia nach Cervo

über Diano Castello, Diano Marina, San Bartolomeo al Mare, Riva Faraldi, Deglio, Villa Faraldi und Tovo

Gleich hinter der Küste

Vermentino, Blumen und Korallen

Man verläßt Oneglia über eine langgezogene Linkskurve, die zum Capo Berta ansteigt und eine Abwechslung zur Hitze und zum Verkehr an der Küste bietet. Wir sehen das schattige und erfrischende Grün des Hinterlands von Diano. Via Diano Calderina heißt die Straße durch die kleinen, traditionell landwirtschaftlichen Dörfer, die von der Bautätigkeit an der Küste verschont geblieben sind. Der Tourismus ist dort oben zurückhaltender und verantwortungsbewußter. Er fügt sich gut in die Umgebung ein, wie im Fall des Agriturismo L'Alpicella, der zu einer Olivenplantage gehört und diesbezüglich Maßstäbe setzt.
Die Strecke beschreibt fast einen Kreis, der die ruhigen Orte **Diano Gorleri**, **Diano Serreta** und **Diano Calderina** verbindet, die inmitten von Olivenhainen liegen. In dieser Gegend gab es vor langer Zeit den großen, heiligen Wald des Bormanus, des ligurischen Wassergotts. Aber Diana, die römische Göttin der Jagd, verdrängte ihn von seinem Platz und aus Lucus Bormani wurde Pagus Dianae. Die Römerstraße Julia Augusta führte bis nach **Diano Castello**, der im Mittelalter wichtigen Gemeinde und »Hauptstadt« der »Communitas Diani«,

Blick auf Diano Castello.

TIPS & INFOS

Ausführliche Informationen finden Sie auf Seite 105

DIANO CASTELLO

Einwohner: 1204
Höhe: 135 m ü.d.M.
Postleitzahl: 18010
Vorwahl: 0183

Informationen

Municipio
Via Meloria, 2
Tel. 49 54 39 / 49 61 40

EINKAUFEN

Öl

Maria Donata Bianchi
Via delle Torri, 16
Tel. 49 82 33
0182/8 50 22

Frantoio Pietro Saguato
Via Saguato, 5
Diano San Pietro (4 km von Diano Castello)
Tel. 4 92 80

WEINKELLEREIEN

Maria Donata Bianchi
Via delle Torri, 16
Tel. 49 82 33
0182/8 50 22

TIPS & INFOS

Ausführliche Informationen finden Sie auf Seite 105f.

Ausführliche Informationen finden Sie auf Seite 105f.

DIANO MARINA

Einwohner: 7007
Höhe: 3 m ü.d.M.
Postleitzahl: 18013
Vorwahl: 0183

Informationen

Azienda di Promozione Turistica
Corso Garibaldi, 60
Tel. 49 69 56

ÜBERNACHTEN

Hotel Caprice
Corso Roma est, 19
Tel. 49 80 21

Hotel Caravelle
Via Sausette, 24
Tel. 49 60 33

Hotel Gabriella
Via Geragni, 9
Tel. 40 31 31

Albergo Tina
Viale Torino, 24
Tel. 49 41 45

ESSEN

Caprice
Corso Roma est, 19
Tel. 49 80 21
Täglich geöffnet

Dei Cacciatori
Via Borghetta, 6
Diano Evigno (9 km von Diano Marina)
Tel. 4 30 26
Dienstags geschlossen

die sich ruhmreich an der Meloria-Schlacht (1284) beteiligte. Daran erinnert ein Fresko auf der Fassade des Palazzo dei Conti Quaglia (Sitz der Gemeinde). Die Bewohner von Diano waren gute Kämpfer und bewiesen ebensolche Ausdauer bei der Bearbeitung der steinigen Erde. Es gelang ihnen, schmackhafte Oliven anzubauen. Giustiniani berichtet davon in seinen Annalen und vermerkt, daß das Tal von Diano um 1500 »berühmt war für das gute Öl, das in diesem Tal reichlich vorhanden war«.

Der Ort ist auch sehr gottgefällig, wenn man den vielen Kirchen Glauben schenkt, die die Jahrhunderte widerspiegeln. Eine davon ist die barocke Pfarrkirche San Nicola di Bari (die auf dem Grund einer früheren Kirche gebaut wurde). Rechts von der Via Martiri liegt die mittelalterliche Chiesa di Santa Maria Assunta, die von den folgenden Gebäuden fast verdeckt wird. Die Apsis aus dem 13. Jahrhundert zeugt in ihrer Schlichtheit von erlesenem Geschmack; Hängebögen über Konsolen verleihen ihr Eleganz. Die romanische Kirche San Giovanni Battista auf einer mit Bäumen bewachsenen Akropolis über dem Ort verbirgt in ihrem Inneren eine seltene Decke mit einem bemalten Holzdachwerk, von dem leider nicht mehr viel übrig ist; daneben befindet sich das Oratorio di Santa Croce e San Bernardino, in dem an Weihnachten eine Krippenausstellung stattfindet. Zum Ort gehören außerdem Patrizierhäuser, hübsche Plätze, bunte Häuser, ein Auf und Ab von kleinen Straßen, die vom Stolz der Vergangenheit berichten.

Diano Castello ist auch die Heimat des berühmten Vermentino, einem typisch ligurischen Wein. Vielseitig, kann er als Zutat für Braten und Kaninchen mit Oliven verwendet werden und im Cundiun (Salat aus rohen Gemüsen) die Stelle des Essigs einnehmen.

Nachdem wir alles probiert haben, fahren wir hinunter nach **Diano Marina**, das nach der Zerstörung durch das schreckliche Erdbeben im Jahre 1887 fast vollständig wiederaufgebaut wurde. Die Zeugnisse früherer Siedlungen (die ersten gehen auf die Eisenzeit zurück) gingen mehr oder weniger verloren. Es handelt sich daher um eine moderne Stadt, die den Touristen ganz anders aufnimmt als das nahe Cervo.

Gemüse, Obst und Blumen werden in der fruchtbaren Ebene des Flusses San Pietro angebaut. Die meisten Bürger von Diano arbeiten in der Landwirtschaft und im Tourismus. Ein kleiner Hafen für leichtere Boote, einladende und schöne Strände, zahlreiche Hotels und

Geschäfte werden von Stammkunden geschätzt. Seit 1966 feiert man den Carneval in Diano. Männer und Frauen schmücken alljährlich die bunten Wagen und fertigen die Kostüme für die zahlreichen Teilnehmer. Während der Veranstaltung ergießt sich ein Konfettiregen auf die Menge, Folkloregruppen spielen Festmusik, und die Garde tanzt durch die Hauptstraßen.
Am Fronleichnamstag legen die Blumenhändler einen Teppich mit Blumenbildern in den Straßen aus, und in der Nacht des 15. August wird das Meer von Lichtern erhellt, die mit den Sternen um die Wette funkeln.
Ganz in der Nähe, an der Küste, mit Diano verbunden (fast wie eine Verlängerung), liegt **San Bartolomeo al Mare**. Die unaufhaltsame und uneinheitliche Entwicklung der Ferienarchitektur an der Küste hat die Identität und das Gesicht des Ortes geprägt, das es mit allen zu schnell gewachsenen Badeorten gemeinsam hat. An die Vergangenheit erinnert der Turm der Santa Maria (1585), ein Wachtposten am Meeresufer, von dem aus die Seeräuberschiffe gesichtet wurden und der vom Capo del Cervo gut eingesehen werden konnte. Er war mit zwei eher einfachen Kanonen bestückt, die aber ausreichten, um eine Annäherung wenig ratsam erscheinen zu lassen.
Den Einfluß des Mittelalters spürt man auch in **Rovere** und in **Poiolo**, das stolz auf seine Phoenixpalmen ist, die auf der Piazza della Chiesa di Sant'Anna wachsen. Früher hieß der Platz Nostra Signora del Soccorso, um zu betonen, wo die örtliche Verwaltung das Geld auftrieb, um das Lösegeld für ihre Dörfer, die sich in den Händen der Moslems befanden, zahlen zu können. Wenn man weiter in das Valle Steria hineinfährt, trifft man auf **Pairola**. Das Dorf weist viele typische, noch gut erhaltene Elemente der bäuerlichen ligurischen Architektur auf, darunter die Originalsäulen in der Pfarrkirche. Viele alte hydraulisch funktionierende Ölmühlen mit den charakteristischen Kanalisationssystemen (»bee«) erzählen aus der Vergangenheit. Mitunter hat man alte Getreidemühlen in Ölmühlen umgebaut. Die Orte **Molino del Fico**,

Stützbögen in Pairola. In diesem alten Ort der Valle Sterica sieht man noch viele Beispiele für die typische, bäuerliche Architektur Liguriens.

TIPS & INFOS

Ausführliche Informationen finden Sie auf Seite 116f.

SAN BARTOLOMEO

Einwohner: 2805
Höhe: 26 m ü.d.M.
Postleitzahl: 18016
Vorwahl: 0183

Informationen

APT
Piazza XXV Aprile
Tel. 40 02 00

ESSEN

Il Frantoio
Via Pairola, 23
Tel. 40 24 87
Donnerstags geschlossen, im Sommer immer geöffnet

EINKAUFEN

Unsere Adreßempfehlungen finden Sie auf S. 116f.

TIPS & INFOS

Ausführliche Informationen finden Sie auf Seite 125

VILLA FARALDI

Einwohner: 431
Höhe: 336 m ü.d.M.
Postleitzahl: 18010
Vorwahl: 0183

Informationen

Municipio
Tel. 4 10 25

ESSEN

La Campagnola
Via Piave, 8
Località Tovo
Tel. 4 10 31
Mittwochs geschlossen

Ein Blick auf Villa Faraldi inmitten der Olivenbäume.

Tre Molini und **Molini** (Ortsteil von Riva Faraldi) tragen in ihren Namen eine Tätigkeit, die heute deutlich zurückgegangen ist. **Riva Faraldi** (ausführliche Informationen s. Seite 116) liegt am Rande der Fahrstraße nicht weit von **Deglio**. Dort wird in der Chiesa di San Bernardo das einzige Werk (ein Flügelaltar) aus der umfangreichen Sammlung des Malers Pancalino aufbewahrt.
Man kann zu Fuß vom Ort aus zum »Prato dei coppetti« gehen. Mysteriöserweise verfärbt sich das Gras an einer bestimmten Stelle kastanienbraun und ist kürzer als auf dem Rest der Wiese. Der Volksglauben schreibt dieses Phänomen der Tatsache zu, daß sich dort Hexen trafen. Nach einer halben Stunde erreicht man den Monte Ceresa. Von hier zum Monte Torre sind es weitere 30 Minuten. Man hat von dort einen herrlichen Blick auf den Ponente.
Villa Faraldi erreicht man (über Deglio) über eine nicht durchgehend asphaltierte Straße. Sie führt durch das Alta Val Steria. Man erreicht den Ort aber auch, wenn man zurückfährt und an der Kreuzung mit der Landstraße nach links abbiegt. Nach vielen Wallfahrtsorten, die verschiedenen Heiligen geweiht sind, treffen wir auf einen für die expressionistische Kunst, das Verdienst einer Verwaltung, die offen für neue Dinge war und 1983 den Vorschlag für eine Kunstausstellung des norwegischen Bildhauers Fritz Roed annahm (der sein Herz an diesen Teil Liguriens verlor).
Gerhard Holzer und Heidi Saxer, Schweizer Musiker und Komponisten mit einem Haus in Tovo, haben weitere Anstöße und Ideen für die Durchführung des Projekts gegeben. Jedes Jahr im Juli findet eine Reihe kultureller Treffen mit hervorragendem Niveau statt, bei denen Musik, Theater, Malerei, Bildhauerei und Ballett im Rahmen eines Festivals dargeboten werden, das sowohl bei den Kritikern wie auch bei den Zuschauern Beifall findet.
Zu den Denkmälern des Ortes gehört die Pfarrkirche San Lorenzo, deren Äußeres neoklassische Züge trägt. Innen wechseln sich Mauerdekorationen aus dem 17. Jahrhundert, weiße, klassische Säulen, Stuckarbeiten und Ornamente ab. Die gemeißelte und bemalte Schieferkanzel ist sehr wertvoll. Sie gehörte wahrscheinlich zur einfachen Kirche (14. Jahrhundert), während die Grabstele (2. bis 1. Jahrhundert v. Chr.), die eine Mutter Licinia ihrem Sohn Agrippa weihte, auf die Existenz einer römischen Siedlung hinweist.

Tovetto, einige Häuser und dann, mitten im Grün, **Tovo**, die Endstation (original ist die alte Ölmühle »a sangue«, da mangels Wasserkraft ein unglückliches Tier, ein Esel oder ein Ochse, die Ölmühle antrieb). Weiter geht es über eine nichtasphaltierte Straße nach **Chiappa**. Die Alternative wäre zurück zur lauten Küste, wobei wir das Zirpen der Grillen und die üppige Natur hinter uns lassen müßten. Oben erscheint die längliche Form des Ortes **Cervo**. Das Dorf balanciert fast auf dem Bergrücken und hat sich bei seiner räumlichen Entwicklung dem geringen Platzangebot angepaßt. Es entstanden dabei viele Kurven, die sich das Vorgebirge hinaufwinden. Oben am Gipfel steht majestätisch die farbige Chiesa di San Giovanni Battista. Sie wurde mit Friesen und Stuckverzierungen aus dem 18. Jahrhundert geschmückt. Die richtigere Bezeichnung wäre Chiesa dei Corallini, Kirche der Korallenfischer, da sie es waren, die den Bau mit

Die bemalte Schieferkanzel in der Chiesa di San Lorenzo.

Heiterer, lebhafter Vermentino

Vielleicht hat der Önologe Zaccone ein wenig übertrieben, als er behauptete, daß »der Vermentino der einzige Wein ist, den man mit Austern trinken kann«. Glauben schenken darf man aber auf alle Fälle dem populären Ausspruch »Bocce,

frisceu e vermentin e du mundo battitene u belin«. Lebhaft, spritzig, fröhlich, heiter, einladend, der Name zergeht auf der Zunge. Er paßt zu dem Wein. Die Rebe kam nach Meinung vieler aus Spanien über Korsika und Südfrankreich (wo er heute noch wächst und Malvoisie à gros grains heißt; in den Pyrenäen wird er als Malvoisie du Dourc bezeichnet), im Jahr 1300 nach Ligurien. In verschiedenen Gebieten der Provinz Imperia wurde diese Sorte angebaut und war zwischen dem 15. und dem 18. Jahrhundert sehr verbreitet. Der delikate Duft ist eine Mischung aus Blumen, Kräutern, Früchten und Harz. Er zeigt dem verwöhnten Kenner die Herkunft. Der einfache, aber lebhafte Wein erfreut den Gaumen. Seine Vielseitigkeit wird geschätzt. Als Aperitif ist er die ideale Begleitung für eine Sardenaira oder die Piscialandrea, bei Fisch beweist er seinen guten Charakter, und auch zu Suppen und Nudelgerichten paßt er hervorragend (exquisit mit Troffie al Pesto). Die DOC Riviera Ligure di Ponente deckt beide Westprovinzen einschließlich Arenzano und Cogoleto ab, die bereits Genueser Gebiet sind. Es sollen außerdem geographische Unterbezeichnungen eingeführt werden wie Riviera dei Fiori, Albenga (oder Albenganese), Finale (oder Finalese).

Cervo über dem Meer, unter der großen Chiesa di San Giovanni, der Kirche der Korallenfischer.

TIPS & INFOS

Ausführliche Informationen finden Sie auf Seite 104

CERVO

Einwohner: 1283
Höhe: 66 m d.ü.M.
Postleitzahl: 18010
Vorwahl: 0183

Informationen

Azienda di Promozione Turistica
Piazza Castello
Tel. 40 32 33

Museen

Museo etnografico
Piazza Santa Caterina, 1
Tel. 40 81 97
Tägliche Öffnungszeiten:
9.30–13/16–19.30 Uhr

ESSEN

San Giorgio
Via Volta , 19
Tel. 40 01 75
Montagabend und dienstags geschlossen (Juli und August ist nur Dienstagmittag geschlossen)

EINKAUFEN

Öl, Wein

San Giorgio
Via Volta, 19

Öl, eingelegtes Gemüse und Marmeladen

U Gumbu
Via Matteotti, 31

Almosen aus dem Erlös des Korallenverkaufs ermöglichten. Alle beteiligten sich, manche mit Geld, andere mit tatkräftiger Unterstützung in den Wintermonaten, in denen sie wenig Arbeit hatten.
Die Einwohner von Cervo sind seit jeher eng mit dem Meer verbunden, und ihre Geschichte ist mit der Legende verknüpft. Als gute Seeleute befuhren sie mit den Genuesern das Meer für kriegerische Zwecke und um Handel zu treiben. Sie bauten eine solide und schnelle Flotte auf, die für den Korallenfang geeignet war. Die Coralline oder Fregatten waren wendige Schiffe mit Lateinsegel und etwa zehn Mann Besatzung. Die Meere Liguriens, Sardiniens und Korsikas wurden häufig befahren. Seltener kamen sie nach Tunesien oder zu den Balearen. Die Fischerei des echten, farbigen, baumartigen Korallensporns wurde vor Betrug und unlauterem Wettbewerb durch eine Reihe von Mitteilungen an die Käufer geschützt. Unter anderem liest man: »Um die echten Korallen von den falschen unterscheiden zu können, genügt es, sie mit Wasser zu benetzen und dann mit einem Tuch abzureiben; wird der Stoff fleckig, war das Produkt nicht echt«. Notwendige Transparenz würde

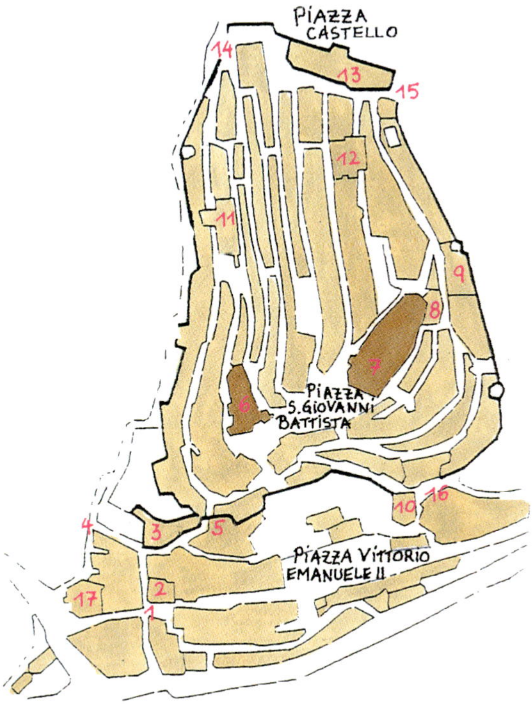

1 Porta Marina (della Montà), 15. Jahrhundert
2 Palazzo, 16. Jahrhundert
3 Palazzo Morchio, Ende 17. Jahrhundert
4 Porta San Giorgio
5 Porta Marina (Tor des Kastells), 17. Jahrhundert
6 Oratorio di Santa Caterina
7 Parrocchiale di San Giovanni Battista (Kirche der Korallenfischer)
8 Gemeindehaus, 16. Jahrhundert
9 Palazzo Simoni, 18. Jahrhundert
10 Fortilizio-Baluardo »Il Bastione«
11 Palazzo Balleydier, 18. Jahrhundert
12 Palazzo del Duca, 19. Jahrhundert
13 Festungskirche
14 Porta Speranza
15 Porta Santa Caterina
16 Porta Canarda
17 Palazzo Viale, 18. Jahrhundert

man heute sagen, um einem blühenden Industriezweig den Verdienst zu sichern.
Dieser Reichtum bildete den Rahmen für romantische und waghalsige Unternehmungen. Manchmal wurden die Seeleute dabei in den Tod getrieben, wie es rund 150 Männern geschehen ist, die von einem schrecklichen Sturm überrascht wurden, als sie sich auf der Rückkehr von der sagenumwobenen »Witwenbank« befanden, deren genaue Lage ein Geheimnis bleiben wird, das mit den Seeleuten untergegangen ist. Leider war Sant'Erasmo, der Schutzpatron, dem ein Altar in der barocken Pfarrkirche geweiht ist, in dieser Nacht etwas zerstreut und zeigte sich wenig erkenntlich gegenüber denjenigen, die vorher über das Meer und dann vom Strand auf ihren Armen, die steilen Stufen hinauf bis zum »Balzo« (wie der Kirchenbereich genannt wird) den Marmor, die Säulen und die Portale getragen haben, die für den Kirchenbau notwendig waren. Cervo ist reich an architektonischen Schönheiten, die mittelalterliche Struktur des Ortes ist erhalten geblieben. Die Caruggi, Türme und Wachtürme, die runde Stadtmauer und die Bollwerke sind voller Geschichte und Poesie.

Tips & Infos

Ausführlicher Adreßteil

Hotels, Restaurants, Osterie, Weinkellereien, Bars, Cafés, Läden, Werkstätten, Ferien auf dem Bauernhof, von Arcigola Slow Food ausgewählt

Essen und Trinken

Trattoria Roma	Restaurant mit guter Küche
Trattoria Roma*	Restaurant mit bemerkenswert guter Küche
Trattoria Roma**	Restaurant mit ausgezeichneter Küche, nicht versäumen

🐌 Restaurant, das uns besonders gut gefällt aufgrund seines gemütlichen Ambientes, der traditionellen Küche und der unverfälschten Gastfreundschaft

ANDAGNA

Vorwahl: 0184

HANDWERK

Skulpturen und Schieferreliefs

Christiane Emanuelli
Via Costa, 18

Christiane, eine Deutsche, die mit einem Italiener verheiratet ist, hat sich als sensible Künstlerin in den Schiefer verliebt: diesen so lebendigen, warmen, aber auch harten Stein, der zu einem Großteil die ländliche und städtische Architektur und das Aussehen Liguriens prägt. Ihre Reliefarbeiten, in traditioneller Technik ausgeführt, sprechen die Sprache der Phantasie und Kreativität.

APRICALE

Vorwahl: 0184

ESSEN

A Ciassa
Piazza V. Emanuele II, 2
Tel. 20 82 80
Montag abends und dienstags geschlossen
Betriebsferien: variabel
Plätze: 20
Preise: 35 000 Lire, ohne Wein
Kreditkarten: Visa

Rinaldo Grana ist nicht nur ein alter Kenner der Restauration des Tales, er ist auch ein sympathischer Typ, bizarr und leider etwas launisch. Aus dem kleinen Saal kann man sich – nachdem man die Frisceui vom Dorsch, die gefüllten Gemüse, Gnocchetti mit Gorgonzola oder Raviolini mit Pilzen probiert hat, manchmal die Taglierini mit Pesto, anschließend Fleisch aus dem Hinterland, Kaninchen, Lamm, Zicklein, im Ofen geschmorte Ziege – unglaublich zufrieden oder zumindest verblüfft verabschieden. Die Nachspeise ist köstlich, wenn es eine gibt: Pansarole mit warmer Zabaione. Die Auswahl an Wein ist auf einige Sorten begrenzt. Reservierung unbedingt erforderlich.

HANDWERK

Künstlerische Holzarbeiten

Luigi Aldo Zagni
Via IV Novembre

Der Olivenbaum in all seinen Formen aus den Tälern des Ponente ist für diesen Handwerker das wichtigste Material, aus dem er mit Hilfe antiker Schnitzwerkzeuge faszinierende Formen modelliert.

ARMA DI TAGGIA

Vorwahl: 0184

ESSEN

La conchiglia★★
Via Lungomare, 33
Tel. 4 31 69
Mittwochs geschlossen
Betriebsferien:
1.–15. Dezember, 1.–15. Juni
Plätze: 30 + 10 im Garten
Preise: 80 000 Lire, ohne Wein
Alle Kreditkarten

Drei Menüs stehen zur Auswahl, das Geschäftsmenü zu 40 000 Lire (Vorspeise, Hauptgericht, Dessert), das Tagesmenü (zwei Vorspeisen, 65 000 Lire), 80 000 Lire kostet das Probier-Menü (drei Vorspeisen, zwei Nudelgerichte, ein Hauptgericht und das Dessert). Dazu kommt dann evtl. noch der Preis für einen guten Tropfen aus der Weinkarte. Das Lokal ist sehr reizvoll und von einer gewissen Eleganz, die Gerichte sind gut komponiert und gefällig arrangiert. Ravioli mit Borretsch und Steinpilzen oder Seebarsch, Gnocchetti aus Brennesseln und Kartoffeln (mit Muscheln als Beilage und Tomatensauce), Risotto mit Zucchiniblüten und Krebsen (aus der Region). Die Tradition wird wieder entdeckt und aufgenommen mit Seeschwalbenfisch in Mittelmeersauce, Petersfisch in Kartoffelsauce, jungen Meeresfischen. Das Essen wird abgerundet durch eine Irish-Coffee-Bavarese, warmen Apfelblätterteig oder Cointreau-Parfait mit Heidelbeersauce.

Giuan★
Via Colombo, 290
Tel. 4 30 59
Montags geschlossen (nicht im Juli und August)
Betriebsferien: Oktober
Plätze: 50 + 50 im Garten
Preise: 55 000–60 000 Lire, ohne Wein
Keine Kreditkarten

Das Team des »Giuan« besteht nur aus Frauen: Maria Luisa Devoto, die Köchin, und ihre Tochter Stefania, die liebenswürdige Seele des Speisesaals. Ein Ort der erholsamen Art, vor allem in der warmen Jahreszeit im wunderschönen grünen Laubengarten. Frische Zutaten und eine leichte Zubereitung der Gerichte in einer Küche, die vor allem die Sprache des Meeres spricht (Calamari mit Artischocken, Schwertfisch mit Porree, geschmorter und fritierter Fisch, Meeresfrüchtesuppe, Gemischtes vom Grill, Steinbutt mit Kartoffeln und Oliven), ohne die Töne des Festlandes auszuschließen. Die Weinkarte wächst langsam, aber stetig und bietet eine der Qualität der Speisen gerechte Auswahl. Reservierung wird empfohlen.

BADALUCCO

Vorwahl: 0184

ESSEN

Cà Mea
Strada Statale 548
Regione Ravezza, 20
Tel. 4 01 73
Montags geschlossen
Betriebsferien: variabel, im Winter
Plätze: 70
Preise: 35 000–40 000 Lire, ohne Wein
Keine Kreditkarten

Die alte Ölmühle, die an der reißenden Argentina steht, trägt ihr mächtiges Rad stolz zur Schau. Die Brücke wird von einem mächtigen Steinpilz bewacht: Eine Verwechslung ist ausgeschlossen, man ist in der »Cà Mea«. Die Fahne mit den Pilzen läßt dann auch keinen Zweifel über die Gerichte in diesem Lokal: Pilze sind die Hauptdarsteller in den vielfältigsten Gerichten. Der Rest besteht aus der traditionellen Küche des Hinterlandes. Die Weine sind gut, man muß nur etwas Geduld aufbringen, wenn der Wirt sie, einen nach dem anderen, aus dem Kopf empfiehlt. Reservierung wird empfohlen.

Canon d'oro
Via Boeri, 32
Tel. 4 00 06
Montags geschlossen
keine Betriebsferien
Plätze: 60
Preise: 25 000–30 000 Lire, mit Hauswein
Keine Kreditkarten

Geschickt hantiert Paolinetta Panizzi mit der Erfahrung ihrer 78 Jahre am Herd und bereitet Speisen, die unzertrennlich mit der regionalen Küche und besonders mit der des Ortes verbunden sind. Die besten Ergebnisse erzielt sie bei der Zubereitung des Stockfisch alla Badalucchese, eines nahrhaften und sehr schmackhaften Gerichts mit Bohnenpfannkuchen und herrlichen Gemüseravioli, das nur einen einzigen Makel aufweist: Es muß eine Woche im voraus bestellt werden. Als Wein gibt es nur den einheimischen Hauswein, etwas rustikal, aber echt. Kleine Rechnung.

EINKAUFEN

Bohnen

(von Oktober bis März)
Alimentari
Via Colombo, 24

Reichlich besonderes Wasser benötigt man für den Anbau dieses Gemüses, das in Badalucco nach Form und Farbe in »rundin«, »mungette« und »dell'angelo« unterschieden wird. Der Bohnenanbau ist mehr als alles andere aus alter Gewohnheit verbreitet. Das Geschäft ist ab Oktober ein Treffpunkt für diejenigen, die weder Zeit noch die Möglichkeit haben, die Bohnen beim Bauern zu pflücken.

Öl

Frantoio Roi
Via Argentina, 1
Tel. 40004

Seit einem Jahrhundert befaßt sich die Familie Boeri, genannt Roi, mit dem Anbau von Oliven und deren Verarbeitung. Unter der Leitung von Franco wurde die Auswahl erheblich verbessert, während das Auspressen immer noch durch Steinmühlen und Kaltpressung erfolgt. Das Angebot besteht aus drei Olivenölen extravergine (aus den Taggiasca-Oliven), die sich in ihren Eigenschaften (normal, biologisch und »mosto di frantoio«) und im Preis unterscheiden. Das Sortiment wird ergänzt durch die typischen in Öl eingelegten Gemüse ohne Konservierungsstoffe.

Typische Erzeugnisse

Il forno
Via Colombo, 3

Hier finden Sie Salzgebäck und die »biscotti di Taggia« (Kekse) mit Fenchelsamen. Zum Frühstück und als Zwischenmahlzeit gibt es »u turelu« (eine Gemüsetorte) und »a sardenaia« (mit einem r weniger als die aus Sanremo). Unter den Spezialitäten befindet sich auch die »carpasina«, der sehr harte Gerstenzwieback, dessen Name von seinem Ursprungsort (Carpasio) abgeleitet wird.

HANDWERK

Pfeifen aus Bruyèreholz

Giordano
Via Ugo II

Aus den sehr schweren »suchi« (Erika-Wurzelstöcken), die in der ersten Bearbeitungsphase in Wasser eingelegt werden, entstehen Objekte von unglaublicher Leichtigkeit. Die Charaktere, die der schrullige und einfallsreiche Handwerker den fertigen Pfeifen gibt, sind so unterschiedlich wie ihre Formen, Farben und ihr Glanz. Schöne Objekte für Raucher und Liebhaber schöner Dinge.

BORDIGHERA

Vorwahl: 0184

ÜBERNACHTUNG

Albergo Bordighera Terminus
Corso Italia, 21
Tel: 261280/265727
Drei Sterne. Zwei EZ mit Bad. 23 DZ mit Bad. Alle Zimmer haben TV und Telefon mit Direktwahl.
Preise: EZ (mit Frühstück) 65000–85000, DZ 90000 bis120000 Lire. Halbpension 85000 Lire (110000 im Juli, 120000 im August)
Vollpension 90000–120000 Lire nur in der Wintersaison
Kreditkarten: die üblichen

Sehr zentral, in Bahnhofsnähe. Auch wenn es nicht das modernste Haus ist, bezieht es gerade daraus seinen Reiz; die Zimmer sind einladend, freundlich und sehr sauber. Die sympathische Höflichkeit der Besitzerinnen (Mutter und Tochter) ist bemerkenswert. Im sehr grünen, üppigen und anheimelnden Garten des Hotels gibt es (im Sommer) ein Restaurant-Buffet mit Grill, das »Topo d'Albergo«, in dem man bereits für 37000 Lire bis zum Gehtnichtmehr essen kann.

Hotel Michelin
Via Primo Maggio, 29,
Tel. 266218
Drei Sterne, 13 Zimmer, davon drei EZ mit Bad und 10 DZ mit Bad. TV, Telefon.
Privater Parkplatz
Preise: EZ (mit Frühstück) 73000 Lire, DZ (mit Frühstück) 129000 Lire
Halbpension 115000, Vollpension 127000 Lire.
Alle Kreditkarten

Kleines Hotel in einer Villa inmitten eines grünen, frischen Gartens. Zentral und dennoch ruhig, kann man sowohl die Stille genießen als auch mühelos zu Fuß losziehen. Die Zimmer sind komfortabel, die Einrichtung ist im allgemeinen alt, aber hübsch.

ESSEN

Caranca
Lungomare Argentina, 1,
Tel. 261292
Mittwochs geschlossen (nicht im Sommer)

Betriebsferien: Oktober bis November
Plätze: 70 + 40 Freiplätze im Sommer
Preise: 40 000 Lire, ohne Wein
Kreditkarten: Visa, AE

Der Fisch wird im Hafen bei den Fischern gekauft, gekocht wird er von der erfahrenen Signora Ofelia, mit Unterstützung eines ihrer Söhne – die anderen kümmern sich um den Speisesaal. Gefüllte Muscheln, Meeresfrüchtesalat, Pfannkuchen mit »gianchetti« (kleinen Fischen), gefüllte Sardellen, Spaghetti mit Kaviar oder Muscheln, Grillspezialitäten und mehr finden sich auf der Speisekarte. Doch ist es nicht schlecht, sich von Enrico beraten zu lassen. Das Essen findet einen süßen Abschluß mit den verschiedensten Mürbteigkuchen oder einer »torta margherita«. Die Weine sind eher durchschnittlich, ab und zu entdeckt man auch Edleres.

Carletto★★
Via V. Emanuele, 339,
Tel. 26 17 25
Mittwochs geschlossen
Betriebsferien: im November und Dezember
Plätze: 40
Preise: 80 000–90 000 Lire, ohne Wein

Das Restaurant liegt unscheinbar an der Hauptdurchgangsstraße der Stadt. Das gastronomische Bild verdient eine ganz andere Beschreibung. Der Service ist sehr gepflegt und aufmerksam, in Einklang mit der Qualität der Speisen. Den Löwenanteil bilden die Meeresfrüchte, sodann Carpaccio von Krebsen mit Orangen oder von Scampi mit Pilzen, gegrillter Tintenfisch mit Steinpilzen, Kürbisblüten mit Fischfüllung. Kreative Küche und mediterrane Tradition sind ausgezeichnet aufeinander abgestimmt: Fusilli mit Tintenfischchen, Trenette mit Steinbutt und Zucchini, Farfalle mit Hummer, in Calvados flambierter Seebarsch mit gratinierten Äpfeln, aber auch Steinbutt mit Artischocken und Dorade in Verbindung mit Spargel sind einige der Zubereitungen des Küchenchefs Walter Pessina. Das Probiermenü kostet 65 000 Lire. Der Weinkeller ist gut sortiert und hält einige Überraschungen bereit.

Michelin★
Via I Maggio, 29,
Tel. 26 62 18
Montags geschlossen
Betriebsferien: im März und Oktober
Plätze: 55
Preise: 55 000 Lire
Alle Kreditkarten

Die Karte ist flexibel und paßt sich (wirkungsvoll) an das Marktangebot an. Carla und Stefano betrachten ihre Arbeit nicht als Routine, daher bietet die Küche stets einige kleine aufregende Neuigkeiten. Neben den Basisgerichten aus Fisch empfehlen wir den Oktopussalat und Kartoffeln mit frischen Gewürzen, die Spaghetti mit Meeresrochen und Seebarsch mit Gewürzkräutern. Sobald es um Fleisch geht, ist der Hauptdarsteller das »angus aberdeen Donald Russel«. Eine richtige Weinkarte gibt es nicht, doch wenn man der Empfehlung des Padrone vertraut, kommt immer der richtige Wein heraus. Reservierung ist unbedingt erforderlich.

A Tartana
Via V. Emanuele, 62,
Tel. 26 13 92
Sonntags geschlossen
Betriebsferien: zwei Wochen im März und im Oktober
Plätze: 20
Preise: 10 000–12 000 Lire, ohne Wein
Keine Kreditkarten

Hier kann man im Stehen einen schnellen Imbiß einnehmen und eine grüne Torte knabbern (Zucchini, Mangold oder Spinat), Fladenbrot mit Zwiebeln, »pisciarà« oder eine knusprige, winterliche Farinata; oder man kann sich etwas bequemer und ruhiger hinsetzen, um das Tagesgericht in Angriff zu nehmen, das im Sommer aus Reissalat, gefülltem Gemüse, Tintenfisch, Minestrone und was der Köchin sonst noch in den Sinn kommt, bestehen kann; im Winter gibt es den kalorienreicheren Stockfisch, Kutteln und Ragout.

La Via Romana★
Via Romana, 57A,
Tel. 26 66 81
Mittwochs geschlossen
Betriebsferien: im Januar/Februar und Juni/Juli
Plätze: 35–40
Preise: 60 000–70 000 Lire, ohne Wein
Kreditkarten: die üblichen

Nach ihrer Erfahrung mit dem »Mistral« sind Romolo Giordano und sein treuer Koch Pino in dieses schöne Lokal an der antiken Römerstraße umgezogen. In der Küche begegnen wir dem Duft des Meeres, den wir bereits im alten Lokal kennengelernt haben: Die Gerichte vereinen gekonnt Tradition mit innovativem Geschmack. Auf die Frische der Zutaten wird großer Wert gelegt.

KAFFEE, APERITIF, SNACKS

Wine bar il Colombiano
Via V. Emanuele, 211

Der Kondor auf der Getränke- und Imbißkarte hat gut lachen, denn die Qualität des Angebots kann sich sehen lassen: Kaffee, Eis, warme Sandwiches (das Brot ist phantastisch), kalte Gerichte, belegte Brote. Höchstes Niveau haben auch die Weine und alkoholischen Getränke dank der Passion und Professionalität von Mauro Benso, der dieses Lokal zusammen mit seiner Frau Carmen, seiner Schwester Daniela (sie haben sich auch auf das Abenteuer Wein eingelassen) und einem Angestellten sympathisch und mit großer Freundlichkeit führt. Geöffnet ist täglich außer mittwochs von 6 bis 20 Uhr.

Cavetu Club
Corso Rossi, 1

Cocktails, Musik (abends) und die Möglichkeit, etwas zu knabbern. Das Besondere an diesem Lokal aber ist, daß es an einem ganz bezaubernden Ort liegt: dem Pinienhain am Kap.

EINKAUFEN

Eis

Bar Atù
Lungomare Argentina, 30

In letzter Zeit hat der Geschmack der Eissorten des Atù vielleicht etwas nachgelassen, doch die sympathisch bizarren Formen, in denen sie zubereitet werden, und ihre eigenartigen Namen sind erhalten geblieben: Polenta und Spießchen, Spaghetti, Tagliatelle, Spiegelei, Iglu, Kerze, Pierrot, Pizza, Folie Russe und vieles mehr. Das Rauschen des Meeres und der leichte Abendwind sind Genüsse, die man nicht mit Geld bezahlen kann.

Bar G. P.
Corso Italia, 14A

Ein recht eleganter Treffpunkt. Gefällig der sommerliche Außenbereich. Gutes Eis.

Pisciarà, Focaccia, Gebäck aus handwerklicher Herstellung

Gastronomia Ligure
Via Regina Margherita, 52

Von allem etwas; auf Vorbestellung auch eine warme und knusprige Farinata.

Panetteria Valente
Via Bastioni, 105

In der Altstadt, mit dem Flair lang vergangener Zeiten und dem Angebot dieses tollen Bäckers mit den Gewürzen und Düften der »pisciarà«, der »barbagiuai« (nicht immer), der »pasta cu e erbe« und der grünen Torte, die anderswo allzu oft Einheitsware sind. Spezialität sind die regionalen Süßspeisen, allen voran die »biscouteli« (zu den Zutaten zählen Rosinen, Fenchelsamen, Pinienkerne und Honig) und ebenso leckeres, süßes Anisgebäck.

BORGOMARO

Vorwahl: 0183

EINKAUFEN

Süßwaren

Panetteria Gandolfo
Via Merano, 40

Gewöhnlich bäckt man hier »baxin du burgu«, trockene Kekse aus Mehl, Butter, Anis und einem Spritzer Marsala. Zur Osterzeit gibt es »Pane di San Rocco« (süß), bei dessen Zubereitung statt Butter Olivenöl extravergine verwendet wird. Am 16. August wird das Brot auch kostenlos verteilt.

Öl

Laura Marvaldi
Piazza della Chiesa, 1
Tel. 5 40 31

Signora Marvaldi wird – wie es Persönlichkeiten von starker Willenskraft oft geht – entweder hoch geschätzt oder viel kritisiert. Unbestreitbar ist ihre tiefe Überzeugtheit von dem, was sie sagt, und die Motivation, wenn es sich um Olivenöl extravergine handelt. In der hoch angesehenen Wassermühle sind das langsame Auspressen mit Mühlsteinen aus Flußkieseln und die Kaltpressung die übernommenen Mittel zur Herstellung eines Extrakts mit fruchtigem Aroma, rund, süß, würzig.

CAMPOROSSO

Vorwahl: 0184

EINKAUFEN

Wein, Öl

Tenuta Giuncheo
Località Giuncheo,
Tel. 28 86 39

Der Betrieb – vor ein paar Jahren von Rolf Winter und Arnold Schweizer wiederaufgenommen, zwei Schweizern, die in Italien verliebt und begeisterte Weinliebhaber sind – produziert aus zwei Weinbergen in Giuncheo und Pian del Vescovo 30 000 Flaschen Vermentino und Rossese di Dolceacqua.

Der Besitz umfaßt auch einen Olivenhain, der ein gutes Extravergine hervorbringt.

Terre Bianche
Ortsteil Brunetti, 19,
Tel. 31230

Fünf Hektar Reben sind spezialisiert auf Rossese, Vermentino, Pigato und Moscato; teils im Gebiet von Camporosso (le Terre Bianche), teils von Dolceacqua (Arcagna). Die Trauben ergeben einen ungewöhnlichen, in kleinen Eichenfässern ausgebauten Rossese di Dolceacqua und einen nach einem ungewöhnlichen Herstellungsverfahren erzeugten Vermentino und Moscato (l'Arcana), der den traditionellen Weinen gleichkommt. Der Betrieb verkauft auch Olivenöl extravergine aus eigenem Anbau.

CARPASIO

Vorwahl: 0184

ESSEN

Trattoria il Casone
Region Colle d'Oggia,
Tel. 49024
Mittwochs geschlossen
keine Betriebsferien
Preise: 22000 Lire, ohne Wein
Keine Kreditkarten

Schmackhafte Hausmannskost ohne Ansprüche außer dem der Unverfälschtheit; die Küche wird von der geduldigen Hand der Oma Bertina geführt, die den feinen Teig für die Gemüseravioli oder die Tagliatelle knetet. Wir befinden uns auf 1167 m Höhe, die Luft ist frisch, und die Zubereitungen der Köchin werden in hohem Maße geschätzt: Kaninchen in Thymian, Schnitzel in Weißwein und, wenn eines vom Schäfer erhältlich ist, Lamm. Ohne Schnörkel und von begrüßenswerter Qualität auch die Torten und Mürbteigkuchen. Eine gute Süßspeise ist das Ergebnis von einwandfrei vergorenen Dogliani-Weintrauben von Signor Berto, dem ernsten, aber für Lob empfänglichen Wirt. Reservierung wird empfohlen.

EINKAUFEN

Carpasine

Alimentari-Tabacchi
Piazza Garibaldi

»U pan d'ordiu« (Gerstenbrot) war in dieser Region das Grundnahrungsmittel der Hirten, die durch das ständige Wechseln der Weideplätze zu langer Abwesenheit von daheim gezwungen waren. Ein zu Zwieback gebackenes Brot, so kann man die Carpasina definieren, wird im Ofen scheibenweise gebacken und ist sehr lange Zeit haltbar. Vor dem Verzehr legen Sie es ein Viertelstündchen in Wasser und richten es dann an.

Käse

Antonio Lanteri
Località Caselle

An Carpasio vorbei und ca. 3,5 km Richtung Colle d'Oggia, in der Nähe eines Schuttabladeplatzes am Ende des Kastanienhains, links oberhalb der Straße liegt einsam ein Haus, das noch bewohnt wird: Es gehört dem Schäfer Antonio Lanteri, bei dem man von Ostern bis Ende Juli schmackhaften Schafskäse kaufen kann.

Honig

Antonio Saccheri
Strada Pratipiani, 4

Antonio Pastorelli
Località Costa, 2

Der Lavendel, der in dieser Gegend einst angebaut wurde, um die wertvolle Essenz zu extrahieren, wächst heute spärlicher und wild als Nahrung für die Bienen. Die beiden passionierten Imker füllen diesen neben Kastanien-, Thymian- und Blüten-Honig in kleinen Mengen ab. Die Qualität aller Sorten ist ausgezeichnet.

CASTEL VITTORIO

Vorwahl: 0184

ESSEN

Osteria del Portico
Via Umberto I, 6,
Tel. 241352
Montags geschlossen
Betriebsferien: 15.–30. Juni
Plätze: 35
Preise: 35000 Lire, ohne Wein
Keine Kreditkarten

Eine unverfälschte, spontane, schmackhafte Küche wie bei Großmutter. Mara Allavena fischt aus ihren Rezepten einige warme Vorspeisen (Kartoffeltorte, »frisceu«, gefülltes Gemüse, Polenta und vieles mehr); es folgen vier erste Gänge, die man unbedingt probieren muß: Gemüseravioli »cu u tuccu«, Kartoffelravioli mit Pilzsauce (sehr gut auch mit Pesto), Pasta

»sciancà« und Nudeln mit frischen Tomaten. Es geht weiter mit Kaninchen aus der Kasserolle, Lamm in Rotwein, Schnecken und anderen Spezialitäten, stets der Reihe nach. Als Wein stehen der Hauswein aus der Region oder ein guter Rossese di Dolceacqua Superiore zur Wahl.

CERVO

Vorwahl: 0183

ESSEN

San Giorgio
Via Volta, 19
Tel. 400175
Montag abends und dienstags geschlossen (im Juli und August Dienstagmittag geschlossen)
Betriebsferien: variabel
Plätze: 60
Preise: 60 000 Lire, ohne Wein
Keine Kreditkarten

Es wäre eine Schande, Cervo nicht zu besuchen und eine Sünde, nicht im San Giorgio eine Ruhepause einzulegen. In den kleinen, intimen und romantischen Räumen des Lokals, die sich durch guten Geschmack mit einer Prise Koketterie auszeichnen, nimmt uns die verzauberte und etwas magische Stimmung des gut erhaltenen mittelalterlichen Dorfes gefangen. Bezaubernd und zum Genießen einladend die Terrasse, von der aus man zwischen den Dächern das Meer glitzern sieht. Die Küche ist köstlich und leicht. Fisch und Gemüse werden vom Inhaber Giovanni Barra zubereitet, der von seiner Frau Caterina tatkräftig unterstützt wird. Wir erinnern uns (mit Rücksicht darauf, daß die Gerichte je nach Fang und Marktangebot variieren) an Thunfischkaviar mit Tomaten, Basilikum und Kartoffeln, ligurische Farce, Oktopussalat, Meeresfrüchte-Risotto in schwarzer Tintenfischsauce oder mit Gemüsen, oder die »sciancui« (eine Art Lasagne) mit Meeresfrüchte-Ragout. Meeresfrüchte und Grillspezialitäten mit Scampi, Calamari, Sardellen, Tintenfisch. Der Tagesfisch in den verschiedensten Zubereitungen ist der Clou einer erfreulichen Mahlzeit, die mit wohlschmekkenden Nachspeisen abschließt. Die Weine sind ebenbürtig. Reservierung wird empfohlen.

EINKAUFEN

Öl, Wein

San Giorgio
Via Volta, 19

Giovanni und Caterina, stets aufmerksam und mit einem Gespür für die Wünsche ihrer Gäste, haben in der kleinen antiken, kostbar restaurierten Ölmühle (unter dem Restaurant) eine Boutique eingerichtet, in der sie Wein (hauptsächlich aus Ligurien) und Olivenöl extravergine (ihr eigenes aus der Gegend zwischen Chiusavecchia und Cesio) verkaufen. Stets hausgemacht sind auch einige Süßwaren, die in kleinen Tüten abgepackt sind, u. a. »baxin de Cervu« (mit Fenchel, Schokolade und Nüssen).

Öl, eingelegtes Gemüse und Marmelade

U Gumbu
Via Matteotti, 31

»U Gumbu« bedeutet Ölmühle und ist Verkaufsraum des bäuerlichen Betriebs. In Luva gab es eine uralte Mühle (die Einrichtung existiert noch, die Holzpresse ist 400 Jahre alt) aus der Zeit, als die Antriebskraft noch in den Muskeln eines gefügigen Esels lag. Spezialität: Pesto Cervese, getrocknete Tomaten, Artischocken, Oliven, alles in Öl eingelegt, aber auch Marmelade (die Feigenmarmelade ist phantastisch) und natürlich Olivenöl extravergine.

CONIO

Vorwahl: 0183

EINKAUFEN

Bohnen

Silvio Alberti
Via Giovanni XXIII, 12

Franco Gandolfo
Via Borghetto, 8

Gandolfo Tabacchi
Via della Chiesa

Der Bohnenanbau ist in dieser Ecke Liguriens weit verbreitet. Geeignete Böden und reichlich reines Wasser ergeben eine Frucht, die für ihre ausgezeichneten Eigenschaften bekannt ist. Wir haben drei Adressen angegeben, aber auch bei anderen Familien können Bohnen zum Verkauf angeboten werden, und zwar von Oktober an, solange der Vorrat reicht.

DIANO CASTELLO

Vorwahl: 0183

EINKAUFEN

Öl

Maria Donata Bianchi
Via delle Torri, 16,
Tel. 49 82 33

Nach alter Familientradition produziert der Betrieb aus eigenem Anbau und unter dem Motto »Qualität statt Quantität« ein echtes, charakteristisches ligurisches Olivenöl extravergine.

Frantoio Pietro Saguato
Via Saguato, 5
Diano San Pietro,
Tel. 4 92 80

In einer mit alten Ölmühlen übersäten Talsohle gelegen, ist diese große, in einem alten, rosa gestrichenen Fort mit vielen rechtwinkligen Wachstuben untergebrachte Mühle kein alltäglicher Treffpunkt. Das Staunen über die extravagante Einrichtung geht im Inneren weiter bei der Sauberkeit, die auch dann souverän herrscht, wenn die Produktionsanlage in Betrieb ist. Die Taggiasca-Oliven, teils aus Eigenanbau, teils sorgfältig dazugekauft, teilen sich in zwei Olivenöle extravergine, von denen das teurere (ca. 15 000 Lire pro Liter) das interessantere ist.

WEINKELLEREIEN

Maria Donata Bianchi
Via delle Torri, 16
Tel. 49 82 33 und
0182/8 50 22

Der junge Winzer Emanuele Trevia vereint die Klugheit des Intellektuellen mit der dickköpfigen Entschlossenheit eines Bauern und hat sich seit letztem Jahr voll diesem Handwerk verschrieben. Die Weine sind sehr geglückt. Der frische Vermentino, offen und leicht, und der würzige Pigato, typisch und ehrlich. Zu den Verdiensten des guten Emanuele kommen noch die Ratschläge des Vaters Rino, eines Weinfachmanns mit fundierter Erfahrung und Können.

DIANO MARINA

Vorwahl: 0183

ÜBERNACHTUNG

Hotel Caprice
Corso Roma est, 19
Tel. 49 80 21
Drei Sterne, 20 Zimmer mit Bad, TV, Telefon, davon drei EZ, Bar.
Preise: EZ 50 000,
DZ 70 000 Lire
Kreditkarten: AE, Visa

Das Hotel, zentral an einer Straße parallel zur Hauptverkehrsader gelegen, garantiert einen gewissen Komfort und einen freundlichen und korrekten Service. Eine gute Lösung für Kurzentschlossene. Restaurant (s. S. 106).

Hotel Caravelle
Via Sausette, 24
Tel. 49 60 33
Geöffnet von Mai bis September
Drei Sterne, 48 Doppelzimmer mit Bad, TV, Telefon, Safe, Balkon mit Liegestuhl, Kühlschrank (gegen Bezahlung), 5 Mansardenzimmer, 5 Zimmer im Nebengebäude. Parkplatz, Garten, Bar, Strand, Schwimmbad.
gegen Bezahlung: Garage, Sauna, Tennis
Preise: DZ 95 000 bis 116 000 Lire, Vollpension 76 000–129 000 Lire. Für die Zimmer mit Meerblick wird ein Aufpreis von 10 % berechnet.
Kreditkarten: EC, MC, Visa

Die Umgebung ist grün und ruhig; das Hotel liegt am Meer und hat einen hauseigenen Strand. Ambiente und Zimmer sind in hellen Tönen gehalten, sonnig und gemütlich.

Hotel Gabriella
Via Geragni, 9
Tel. 40 31 31
Geöffnet von Mai bis Oktober
Drei Sterne, 46 Zimmer mit Bad, davon 5 EZ. TV mit Satellitenkanälen, Telefon, elektronischem Safe, Bar, Schwimmbad, Privatstrand, Solarium, Spielplatz, Parkplatz.
Preise: EZ 70 000,
DZ 95 000, Vollpension 83 000–118 000 Lire, Halbpension 10 % weniger.
Alle Kreditkarten

Das von der Familie Ghirardi geleitete Hotel, am Meer und inmitten eines grünen Gartens gelegen, hat geräumige, gemütliche, helle Zimmer, alle mit Balkon. Ruhige Lage, nur 500 m vom Stadtzentrum entfernt.

Albergo Tina
Viale Torino, 24
Tel. 49 41 45
Zwei Sterne, 17 Zimmer mit Bad, davon zwei EZ.
Preise: EZ 40 000, DZ 55 000–77 000, Vollpension 45 000–77 000 Lire.
Kreditkarten: Visa

Am Ortseingang von Diano führt von Imperia herkommend rechts eine von Mittelmeerpinien gesäumte Straße zu einer Strandbucht und zu diesem kleinen, bescheidenen Hotel, das trotz der abendlichen Urlaubsanimation noch ausreichend Ruhe bietet.

ESSEN

Caprice
Corso Roma est, 19
Tel. 49 80 21
Kein Ruhetag
Betriebsferien: im November
Preise: 55 000 Lire, ohne Wein
Kreditkarten: alle außer Diners Club

Geliebt von Einheimischen und Urlaubern, die immer wieder hierher kommen, öffnet das Restaurant des Hotels Caprice seine Türen zu einem aus hellen Farben und modernen Einrichtungselementen zusammengesetzten Inneren. Unter der Führung von Signora Livia, deren Erfahrung in die gefälligen und vielfältigen Speisen einfließt, kocht man nicht nur Mittelmeerküche (besonders im Winter). Auf der Karte stehen neben den Vorspeisen Nudeln, auch frisch und durch Gemüse veredelt, Krustentiere, Meeresfrüchte, leichte Speisen von reinem Geschmack und gutes Gebäck nach Hausfrauenart. Die regional geprägte Küche bietet zuweilen auch gelungene Eigenkompositionen. Aufmerksam, gewissenhaft und liebenswürdig der Service des jungen Luca Madeddu im Speisesaal. Weine von mittlerer Qualität, einige wenige von bemerkenswerter Stärke.

Dei Cacciatori
Via Borghetta, 6
Diano Evigno
Tel. 4 30 26
Dienstags geschlossen
Betriebsferien: im September
Plätze: 65
Preise: 25 000–30 000 Lire
Keine Kreditkarten

Wir sind über Diano Castello durch ein kleines Dorf inmitten eines Olivenhaines, das nach und nach Weinbergen Platz macht, bis nach Evigno hinaufgefahren, dem höchstgelegenen Dorf, das nur noch vom Monte Torre überragt wird. Die Glasfenster der Trattoria bilden die Ouverture zum Schauspiel des Tales, gefolgt von den erlesenen, in Öl eingelegten Pilzen, Ergebnis einer geduldigen Suche in den umliegenden Wäldern, den Kräuteromelettes, den Gemüsefüllungen, der niemals fehlenden, jedoch immer anderen grünen Torte. Das Restaurant ist ein Familienbetrieb: Signora Angela kümmert sich um den Speisesaal, ihr Mann Lino regiert zusammen mit der Mutter an den Öfen. Die Borretsch-Tagliatelle werden mit Pesto angerichtet, während die Ravioli mit einer roten Soße bedeckt sind, unter den zweiten Gängen befinden sich oft Kaninchen mit Oliven und gefüllte Kalbsbrust. Zum Abschluß Pudding oder Apfelküchlein. Reservierung ist erforderlich.

DOLCEACQUA

Vorwahl: 01 84

ÜBERNACHTEN

Azienda Agrituristica Terre Bianche
Ortsteil Arcagna
Tel. 3 12 30 u. 3 14 26
Zwei Zimmer mit Bad/WC (bis '94 werden es zehn sein), Speisesaal, Mountain Bike, Bocciabahn, Tischtennis, Reiterhof (nicht im Preis enthalten)
Preise: DZ mit Frühstück 120 000 Lire, Halbpension: 70 000 (September/Juni), 84 000 (Juli/August). Vollpension: 90 000 (September/Juni), 108 000 Lire (Juli/August)
Von 6. Januar bis 6. Februar geschlossen.

Zwischen den Weinbergen des Cru Arcagna, umgeben von Olivenbäumen, Pinien und mediterraner Macchia, bietet das bezaubernd restaurierte Haus Gemütlichkeit und Entspannung. An den Ruhetagen Montag und Dienstag hat die Locanda Bricco Arcagna geöffnet, wo man für 38 000 Lire (ohne Wein) ligurisch geprägte Küche genießen kann. Die Weine kommen aus dem Anbau der Azienda.

EINKAUFEN

Michette, Focacce

Alimentari
Piazza Garibaldi

Die Michetta, das zarte Gebäck, das recht ironisch an ein weibliches Organ erinnert, wurde einem Doria angeboten, um ihm die Verweigerung des »ius primae noctis« zu versüßen. Salzige Spezialitäten »pasta cun a pumata« oder »cun e erbe«.

Biologische Erzeugnisse

Terre Alte
Via Patrioti Martini, 53

Hier kommen Anhänger des biologischen Anbaus auf ihre Kosten: das freundliche Personal heißt den Kunden willkommen, der Obst und Gemüse, Wein, Oliven und Honig (größtenteils aus eigener Herstellung) kaufen will.

Öl

Cooperativa Olivicola Val Nervia
Via Roma, 10
Tel. 20 61 71

Die junge Kooperative hat sich ernsthaft und mit strengen Maßstäben vorgenommen, höchste Qualität ihrer Produkte durch eigene Arbeit zu erreichen. 1993 wurde das Öl erstmals direkt verkauft, und man hatte damit recht guten Erfolg.

Giobatta Mandino Cane
Via Roma, 21,
Tel. 20 61 20

Die lange Erfahrung des Ölerzeugers garantiert die Qualität eines Olivenöls extravergine, das aus Kaltpressung in einer Steinpresse gewonnen wird und das Qualität mit einem humanen Preis verbindet.

Antonio Perrino
Via Laura, 2
Tel. 20 62 67

Der kleine, aber kräftige Ölhändler Nino Perrino, einst Blumenzüchter, ist mit dem gewissenhaften Engagement, das ihn auszeichnet, zu den angestammten Kulturen (Reben und Oliven) zurückgekehrt. Die Kaltpressung der Oliven erhält unverändert den zarten Duft der Oliven, den dieses Extravergine im richtigen Preis-Leistungs-Verhältnis präsentiert.

WEINKELLEREIEN

Luigi Caldi
Piazza Giardini delle Scuole
Tel. 20 62 02

Luigi Caldi, jahrelang Teilzeit-Winzer, hat sich seit seiner Pensionierung mit Leib und Seele seinen Weinbergen verschrieben, die im Hügelland von Armetta, Arcagna und Trincapé liegen. Mit großer Selbstüberwindung hat er sich schließlich doch, und mit guten Ergebnissen, mit den modernen Methoden der Weinerzeugung angefreundet.

Giobatta Mandino Cane
Via Roma, 21
Tel. 20 61 20

Dieser Name steht für Leidenschaft, Können und Zuverlässigkeit. Mandino ist bei den Winzern des westlichen Liguriens eine bekannte und geachtete Persönlichkeit, der mit seiner Rebe Dolceacqua Superiore Arcagna wohlwollende Anerkennung ernten konnte. In seinem Betrieb werden noch zwei Prädikatsweine erzeugt, der Rossese di Dolceacqua und der Vermentino.

Adriano Maccario
Via San Bernardo, 23
Tel. 20 60 13

Adriano teilt seine Zeit auf zwischen seiner Arbeit in der Bank und der noch anstrengenderen Arbeit im Weinberg, den er mit großer Sorgfalt bearbeitet. Der Rossese di Dolceacqua, von traditionellem Zuschnitt mit einer leicht rustikalen Grundnote, stammt aus einem alten Weinberg in Arcagna und bildet eine Ergänzung zu den Tausenden Flaschen wohl strukturierter und leichter Rossese.

Antonio Perrino
Via Laura, 2
Tel. 20 62 67

Eine Interpretation des Rossese di Dolceacqua als Verbindung zwischen Alt und Neu charakterisiert eine Produktion von etwa 25 Hektolitern. Der »Testalonga« – mit diesem Hausnamen bezeichnet Nino Perrino seine Weine – wird in den Weinbergen von Pozzuolo und Arcagna gezogen.

HANDWERK

Holz

La bottega dell'artigianato
Via San Biagio, 7

Die tiefe Liebe, die die Brüder Andrighetto für ihr Land hegen, spiegelt sich in ihren Arbeiten wider, aber auch in den gefühlvollen Bildern, in denen sie in Tonbildschauen des »museo delle tradizioni locali« über Täler und Dörfer erzählen, und in der Umformung von Olivenholz in glatte Objekte, die von der Farbe und der schwingenden Maserung des Holzes belebt werden.

DOLCEDO

Vorwahl: 0183

EINKAUFEN

Öl

Frantoio Bensa
Via Dolcedo, 180
Tel. 28 01 32

Einfach, freundlich und kommunikativ (im zurückhaltenden Liguriern ziemlich ungewöhnlich) führen Gianni und Claretta Bensa das Familienhandwerk weiter, das schon vom Urgroßvater ausgeübt wurde, als die Herstellung von Olivenöl noch eine schweißtreibende Arbeit war. Heute preßt man die Oliven entweder in einer Kreislaufanlage oder auf traditionelle Weise mit Mühlsteinen, mit denen nur die eigenen Taggiasca-Oliven bearbeitet werden, die in den besten Olivenhainen des Tales geerntet werden. Das »primuruggiu« (das erste austretende Öl) ist das beste Extravergine, das man ohne Einsatz der Presse durch natürliches Abtropfen erhält: hieraus entsteht ein Produkt, das in seiner Struktur und Feinheit einzigartig ist. Die »normale« Version ist das Olivenöl extravergine Alta Val Prino.

IMPERIA

Vorwahl: 0183

ÜBERNACHTEN

Albergo Hotel Corallo
Corso Garibaldi, 29
Porto Maurizio
Tel. 66 62 64
Drei Sterne, 42 Zimmer mit Bad, TV, Telefon, Kühlschrank, davon 7 EZ.
Privater Parkplatz, Tagungsraum (bis 150 Personen)
Preise: EZ 75 000,
DZ 110 000–130 000, Halbpension 95 000, Vollpension 105 000 Lire
Kreditkarten: alle außer Diners Club

Das Corallo in Porto Maurizio erhebt sich auf einem Gipfel über dem Meer, von wo aus man vom Zimmer (nicht von allen) eine traumhafte Aussicht über das Meer genießen kann. Gute Ausstattung, hell, komfortabel.

Agriturismo L'Alpicella
Via Diano Calderina, 284
Oneglia
Tel. 27 38 55
Drei Zimmer mit Bad, ein Doppelzimmer, ein Dreibettzimmer und eines über zwei Etagen mit vier Betten.
Mountain Bike und Bogenschießen.
Preise: (pro Person) Übernachtung mit Frühstück 50 000, Halbpension 70 000 Lire
Betriebsferien: im Februar
Kreditkarten: Visa, CartaSi

Zwölf Hektar Natur, eingefügt in eine Fülle gezüchteter Olivenbäume. Piniengruppen, hoch aufragende Zypressen, eine alte, alleinstehende Libanonzeder bestimmen die Farbgebung einer undurchdringlichen Macchia, deren Farben von Grün bis Kobaltblau changieren. Ein bezaubernder Ort, sehr zuvorkommend die Gastfreundlichkeit und stets zu Diensten die Brüder Novaro. Die Küche ist ligurisch geprägt.

ESSEN

Convivium*
Via Vecchie Carceri, 19
Porto Maurizio
Tel. 6 17 80
Sonntags geschlossen
Betriebsferien: variabel
Plätze: 35 + 25 im Freien
Preise: 35 000 Lire, ohne Wein
Keine Kreditkarten

Eddy begann vor ein paar Jahren, sozusagen aus Spaß, seinen angeborenen Fähigkeiten und dem verläßlichen Können der Mutter folgend. Die guten Ergebnisse und das Lob der zufriedenen Kunden haben den jungen Koch ermuntert, seine Tätigkeit mit äußerstem, gewinnbringenden Einsatz voranzutreiben: verschiedene traditionelle Vorspeisen, darunter Zucchinitorte, Frikassee aus Bohnen und Garnelen, gefüllte Sardellen; erste Gänge, die mit Saucen vom Festland (Kartoffelgnocchi mit Pesto) oder Meeresfrüchten (Bandnudeln in Tintenfischsauce) kombiniert werden, und danach Oktopus mit Kartoffeln, Fischeintopf mit Tintenfisch und Calamari, Schwertfisch in Kräutern. Das Preis-Leistungs-Verhältnis ist ausgewogen. Einziger Makel ist die mittelmäßige Qualität des sehr kleinen Weinkellers. Es gibt nur Abendessen; Reservierung wird empfohlen.

Lanterna Blu★★
Via Scarincio, 32
Porto Maurizio
Tel. 6 38 59
Dienstags und Mittwochmittag geschlossen
Betriebsferien:
20. November–5. Dezember
Plätze: 70
Preise: 80 000 Lire, ohne Wein
Alle Kreditkarten

Die Küche bevorzugt die Würze des Mittelmeers und den Geschmack des Fischs (einige Exemplare schwimmen ahnungslos im Fischteich des Restaurants). Eine helle Veranda liegt vor den eleganten und komfortablen Speiseräumen, in denen Sie neapolitanische Freundlichkeit und die Empfehlungen von Tonino Fiorillo vorfinden. Wohlschmeckende und würzige junge Oliven und Rosmarin, schmackhafter saurer Heringsfisch und die »fantasia di mare« mit Gemüse-Caponata eröffnen das Mahl. Es folgen Borretsch-Fleckchen mit Krebsen und Majoran, breite Nudeln in Pesto mit Kartoffeln und Bohnen, Gnocchetti mit Zucchini und Kaviar. Als Fleisch: einheimisches Lamm, mit Thymian gewürzt, Kaninchengulasch auf ligurische Art. Der Tagesfisch wird mit Zucchini in Minze gedünstet und mit frischen Kräutern gratiniert angeboten, in Vermentino mit Oliven und Kapern, mit Kartoffeln und Rosmarin. Ausgezeichnet die Desserts und die Weinkarte, die auch französische Weine enthält, die zwar ebenbürtig sind, aber im Vergleich zu den italienischen wenig originell. Zum Mittagessen (außer sonntags) hat man die Möglichkeit, das »menu della tradizione« für 45 000 Lire zu kosten, 65 000 dagegen legt man für das Probiermenü an.

Osteria dell'olio grosso
Piazza Parrasio, 36
Porto Maurizio
Tel. 6 08 15
Mittwochs geschlossen
Betriebsferien: unterschiedlich
Plätze: 40 + 20 im Freien
Preise: 35 000 Lire, ohne Wein
Keine Kreditkarten

Der Parrasio, antiker Kern von Porto Maurizio, hat den Charme der alten Paläste und Kirchen, den Zauber der engen Gassen und der kleinen Plätze, die sich unvermittelt gegen das Meer öffnen. Dort oben auf der Anhöhe befindet sich das »l'olio grosso«, eine Idee, die von den Brüdern Bavassano verwirklicht wurde, die in ländlicher Umgebung, einstmals eine alte Ölmühle, frische Fischgerichte (vor allem gegrillt) anbieten, denen Troffie mit Pesto vorangehen. Die Auswahl an Weinen ist begrenzt. Reservierung ist erforderlich.

La Ruota
Via Largo Varese, 25
Porto Maurizio
Tel. 6 12 06
Donnerstags geschlossen
Betriebsferien: im Oktober
Plätze: 30
Preise: 50 000 Lire, ohne Wein
Kreditkarten: Diners Club

In diesem alten Fischerdorf riechen die Häuser und die Luft nach Salz. Gavino, Ottavio und Filomena Motzo mögen das Meer, es ist ein Teil ihres heimatlichen Sardiniens, ihrer Inselkultur, und es ist das Meer, das auf den Tisch kommt: in Form von Spaghetti und Kaviar, Risotti, Suppe aus Krustentieren (auf Vorbestellung), »pescatrice« in Knoblauchsauce, ausgezeichneter Braten (bestellen Sie rechtzeitig), Grillspezialitäten, Stockfisch (freitags) und einigen anderen kulinarischen Köstlichkeiten wie Filomenas Süßspeisen. Die Weine, hauptsächlich aus Ligurien und Sardinien, haben mittleres Niveau.

Enoteca Pane e Vino
Via De Geneys, 52
Oneglia
Tel. 29 00 44
Mittwochs und Sonntagmittag geschlossen
Betriebsferien: drei Wochen zwischen Juli und August
Plätze: 80
Preise: 30 000 Lire, ohne Wein
Keine Kreditkarten

Von zehn bis zwei Uhr morgens bedient Luciano Limarelli – Seele und Padrone dieser Weinhandlung mit Ausschank – Kunden und Stammgäste, die kommen, um die reichhaltige Palette italienischer, französischer, deutscher, ungarischer, kalifornischer und australischer Weine zu probieren, zusammen ca. 700 Sorten. Dazu reicht Luciano köstlichen Käse und Wurst, die er auf seinen Reisen durch die Halbinsel findet, Bruschetta, frisches Gemüse in Pinzimonio (ein Dressing aus Öl, Pfeffer und Salz), leckere, reine Muscheln zum Champagner, im Winter Farinata und »bagna caoda«. Auch Süßspeisen fehlen nicht. Das Lokal ist drei Wochen im Juli und August geschlossen.

U Papa
Piazza Andrea Doria, 13
Oneglia
Kein Telefon
Sonntags geschlossen
Betriebsferien: im Mai
Plätze: 30 + Garten
Preise: 15 000 Lire, ohne Wein
Keine Kreditkarten

Eine Karte im Schaufenster lautet: »Morgens Focaccia, mittags von allem etwas und abends (im Winter) Farinata«. Eine einfache und klare Aussage, wenn nicht dieses »von allem etwas« die Neugier wecken würde. Troffie mit Pesto, Minestrone, Sardellen und gefüllte Blüten, Stockfisch, Kutteln, Kalbsbrust sind, abwechselnd mit anderen Speisen, die wenigen, aber unverfälschten Gerichte, die zum Mittagessen serviert werden. Offener Wein. Öffnungszeiten: im Winter von 7.00–14.30/17.00–20.30; im Sommer 7.00–14.30/18.00–22.00

EINKAUFEN

Sardellen in Salz

Pescheria da U Balinciu
Calata Cuneo, 77
Oneglia

Ein erfahrener Fischverkäufer, U Balinciu, dem bei der Konservierung der Sardellen in Salz keiner etwas vormacht. Es ist in der Tat nicht so einfach, wie es den Anschein hat, die richtige und gleichmäßige Salzlake zu erhalten, die zusammen mit der Frische der direkt bei den Fischern eingekauften Sardellen optimale Ergebnisse garantiert.

Süßspeisen, Eis, Kaffee

Grancaffè Novecento
Via Cascione, 14
Porto Maurizio

Die Bäckerei Franchiolo, unter diesem Namen ist auch das Lokal bekannt, beweist bei Süßspeisen höchstes Niveau (die Crêpes sind wirklich zu empfehlen). Man trinkt einen guten Espresso und hat auch die Möglichkeit, einen kleinen Imbiß einzunehmen. Gehobene Preise. Im Winter spielt sonntags eine Kapelle.

Pasticceria Piccardo
Piazza Dante, 1
Oneglia

In dem eleganten Lokal an der sehr zentral gelegenen Piazza Dante herrscht eine raffinierte und etwas altmodische Atmosphäre. Fantastisches Eis (die Sahne möchten wir ganz besonders erwähnen), ebenso gute Kuchen, ausgezeichnete Liköre, leckere Coktails, originelle Häppchen.

Farinata, Grüne Torte, Piscialandrea, Focaccia

Ai due amici
Via Monti, 30
Oneglia

Bruno Merano bäckt schon in den frühen Morgenstunden, von seinem Vater Oreste unterstützt, in seinem Backofen mit halbmondförmigem Tor und großem Fassungsvermögen; ab sieben Uhr morgens erscheinen die Backformen mit der einladenden »piscialandrea«, der »focaccia d'Oneglia« und der würzigen grünen Torte (je nach Jahreszeit mit Mangold oder Artischocken). Zwischen Oktober und April wird die traditionelle »farinata« zubereitet (auch die »panissa«), zu der vor dem Backen eine Handvoll sehr fein geschnittener Zwiebeln hinzugefügt wird. Fragen Sie bei Bestellung (Tel. 22297) auch nach »ai gianchetti« (mit winzigen Fischchen), Würstchen oder Artischocken. Nur auf Bestellung gibt es die »focaccia al formaggio« (mit Käse) und die »bebicci«, die aus dem Teig der Focaccia ausgezogen und Stück für Stück um eine Füllung aus Würstchen oder Schinken mit Käse gerollt werden.

Bar l'Oasi
Via Sant'Antonio, 19
Porto Maurizio

Das ungewöhnliche Angebot dieses Lokals könnte man als Pizza-Probe bezeichnen, bei der dem Kunden statt der runden Scheiben mit einem einzigen Belag verschiedene Geschmacksrichtungen angeboten werden, die in kleine Stücke eingeteilt sind. Als Alternative gibt es Focaccia: mit Trüffeln, Spargel oder Gemüse.

Bar Pepito
Via Cascione, 31
Porto Maurizio

Wer wie der Genueser Dichter Vito Eli Petrucci der Meinung ist, »Un ballin in ta testa: o l'è u fugassa!« (die Focaccia kann zu einer wahren Sucht werden), findet hier die Erklärung dafür; aus der Konserve dagegen die grüne Torte.

Öl, eingelegtes Gemüse

L'Alpicella
Via Diano Calderina, 284 bis
Oneglia
Tel. 276082

Alberto Novaro ist Herr über 3500 Olivenbäume, die sich auf dem 120000 m² großen Familienbesitz ausbreiten, den er sich mit seinem Bruder teilt. Eine kleine, aber sehr praktische, traditionelle Ölmühle verwandelt die Oliven durch Kaltpressung bei geringem Druck in duftendes Olivenöl mit vollem Geschmack und feiner Konsistenz. Das Extravergine wird in einer dunklen, rechteckigen Flasche verkauft.

Frantoio Bianco
Via Nazionale, 245
Oneglia
Tel. 22387

Signor Vicenzo ist ein Pionier des ligurischen Handwerks der in Öl eingelegten Produkte: Der Legende nach soll eines der Geheimnisse seines Pestos darin bestehen, die Zutaten in einem Betonmischer zu vermengen. Zu dieser Sauce haben sich im Laufe der Zeit zahlreiche andere Zubereitungen gesellt, wie z. B. die klassischen getrockneten Tomaten, Olivenpastete, Artischockencreme, Oliven in Salzlake, andere feine Saucen und vieles mehr. Das Ganze wird gekrönt von einem Olivenöl extravergine, das durch sorgfältige Auslese der Früchte der einheimischen Olivenhaine gewonnen wird.

Empolio
Le delizie del frantoio
Via don Bellone, 8
Borgo d'Oneglia
Piazza De Amicis, 18
Oneglia

Dieser Betrieb bezieht seine erstklassigen Erzeugnisse aus einer alten Mühle, in der noch mit den Methoden und im Rhythmus von einst gearbeitet wird und in der ausschließlich Produkte der Region verarbeitet werden. Von »Fiordulivo« extravergine über Oliven aus dem Oneglia-Tal bis hin zu Oliven in Salzlake, Olivenpastete und Artischocken in Pesto und in Öl eingelegten Tomaten. Kurz, die Produkte mit dem Namen »Le delizie del frantoio« (Köstlichkeiten aus der Ölmühle) bringen die Ponente auf den Tisch.

Torten und Brötchen

The Black Horse
Vico del Moretto, 2
Oneglia

Die anziehende Umgebung ist ideal, wenn man in Ruhe an einem guten Whisky oder einer einheimischen Grappa aus der kleinen, aber feinen Auswahl nippen will. Die Aufmerksamkeit der Kunden gilt den süßen Torten, hübsch angerichteten, einladend aussehenden Salaten und goldbraunen Brötchen. Für Espressoliebhaber gibt es hier den exclusiven »blue mountain«.

Wein

Enoteca Fratelli Lupi
Via Monti, 13
Oneglia

Die Erzeuger, Händler und Weinsammler Angelo und Tommaso, wohlbekannt als die »wine brothers«, führen ein schönes Sortiment italienischer Weine und behalten dabei auch das nahe Frankreich im Auge. Hochprozentiges, Liköre und natürlich auch eigene Erzeugnisse inklusive Olivenöl extravergine.

WEINKELLEREIEN

Tenuta
Colle dei Bardellini
Ortsteil Sant'Agata
Tel. 21370

Der Betrieb auf einem Hügel am Ausläufer Imperias umfaßt fünf Hektar vorwiegend mit Vermentino und Pigato und, zu einem geringen Teil, auch mit Rossese (nicht mit dem aus Dolceacqua zu verwechseln) bepflanztes Terrain. Eigentümer ist ein Genueser Reeder. Im Weinkeller, der von dem erfahrenen Weinfachmann Giuliano Noé aus dem Montferrat geführt wird, werden auch ein prickelnder Weißwein, eine Grappa (von den Brüdern Parma destilliert) und ein Extravergine abgefüllt.

ISOLABONA

Vorwahl: 0184

ESSEN

Degli Amici
da Piombo*
Via Roma, 16
Tel. 208124
Montags und mittags geschlossen
Betriebsferien:
Juni–September
Plätze: 30
Preise: 50000 Lire, ohne Wein
Keine Kreditkarten

Im »Da Piombo« zelebriert man vom Herbst an den traditionellen Stockfisch. Rosanna Boero, Köchin und Wirtin, vollzieht das alte Backritual, bei dem nur erstklassige Zutaten aus dem Norden verwendet werden: gefüllte Schwanzflossen (vom Stockfisch), geschmorter Stockfisch mit Polentina; Stockfisch kehrt auf der Speisekarte im Salat genauso wieder wie in den Tagliatelline mit Pilzen, den Ravioli »cu u pesigu« und in der »Pasta frantoiana«. Reservierung ist unerläßlich. Das Lokal macht eine lange Sommerpause, da sich der Stil der Küche nicht mit der warmen Jahreszeit verträgt.

EINKAUFEN

Käse

Anfosso
(Der Betrieb ist an eine Metzgerei angeschlossen)
Via Nuova, 2
Via Roma, 3A

Feiner Käse aus Kuhmilch und ab und zu auch »brusso« (fermentierter Ricotta) sind die Produkte, die quasi nebenbei in diesem Betrieb anfallen, der sich eigentlich der Viehzucht widmet. Das Geschäft ist montags und mittwochs geschlossen, hat dafür aber Sonntag vormittags geöffnet (außer im Oktober und November).

Öl, eingelegtes Gemüse

Grillo
Via Molino

Ein kleiner Betrieb, der mit Verstand agiert. Das Olivenöl stammt aus Taggiasca-Oliven aus eigenen Olivenhainen. Das Sortiment umfaßt Oliven in Salzlake, Olivenpaste, in Öl eingelegte getrocknete Tomaten.

LUCINASCO

Vorwahl: 0183

EINKAUFEN

Öl

Dino Abbo
Salita Costa, 16
Tel. 52411

Diese Ölmühle wird wie eine Boutique geführt, in der sich die Besucher am Ortseingang treffen, und zeichnet sich durch peinliche Sauberkeit und Ordnung aus. Die zwei Extravergine werden nach dem alten Verfahren der zweifachen Pressung gewonnen, nach dem die ausgepreßte Paste in zwei Teile unterschieden wird. In der Praxis wird ein Teil der Oliven nur geschält, in Beutel gefüllt und unter dem Druck ihres eigenen Gewichts zum Abtropfen gebracht. Dieses in elegante schwarze Flaschen abgefüllte Öl nennt sich »oiu de sciappa«. Die anderen Oliven werden wie üblich weich gepreßt und in die Fässer gefüllt.

MOLINI DI TRIORIA

Vorwahl: 0184

ÜBERNACHTEN

Albergo Santo Spirito
Via Roma, 21
Tel. 94019 u. 94092
Ein Stern, 12 Zimmer, davon 3 EZ und drei DZ ohne Bad, 6 DZ mit Bad.
Preise: EZ 20000, DZ ohne Bad 40000, DZ mit Bad 48000; Halbpension 45000, Vollpension 56000–60000 Lire.
Kreditkarten: BA

Das Hotel ist alt, und an den Zimmern nagt der Zahn der Zeit, aber zum Ausgleich sind sie sauber und ruhig. Die Familie Zucchetto ist einfach, freundlich und distinguiert.

ESSEN

Santo Spirito*
Via Roma, 21
Tel. 94091
Mittwochs geschlossen
Keine Betriebsferien
Plätze: 150
Preise: 30000 Lire, ohne Wein
Kreditkarten: die üblichen

Vom Erzeuger zum Verbraucher: Papa Augusto, der seiner Frau Margherita in der Küche hilft, baut Gemüse, Wein und Obst an. Jagd und Ernte bringen Wildbret, Schnecken und Pilze auf den Tisch; Gemüse und Getreide wandern in ausgezeichnete Suppen. Troffie und Ravioli fehlen nicht, und auf Bestellung gibt es auch so besondere Gerichte wie die »corpi de diu« (Gnocchi aus Kastanienmehl). Der Geschmack der Einfachheit kommt am besten in den Fleischzubereitungen zur Geltung, die von der reizenden Maria Chiara mit freundlicher Verbindlichkeit angeboten werden. Sie kümmert sich mit ihrem Mann Andrea um die Gäste. Der Wein, ein Ormeasco, kommt ganz offenbar aus dem Château Zucchetto; die Süßspeisen sind nicht minder lecker.

EINKAUFEN

Käse, Honig, Mehl, Bohnen...

La Bottega di Angelamaria
Piazza Roma, 26

Angelamaria und ihr unglaublicher Feinkostladen finden sich immer öfter auf den Seiten der Fachzeitschriften. Aber das steigt ihr nicht zu Kopf, und Angelamaria ist so liebenswürdig und freundlich wie eh und je. Greifen Sie mit der Hand in die verschiedenen Mehlsorten (Kastanien, Weizen Typ 1, Kichererbsen, Buchweizen, Weizen für die »mes-ciua«, etc.), schwelgen Sie in den verschiedenen Honigsorten mit dem einzigartigen Tannenhonig, versuchen Sie die verschiedenen Sorten Schafskäse, den »brusso«, die »latte di lumaca« oder den »filtro della strega«, und so weiter, und so weiter, nicht zu vergessen Gerstenbrot oder das aus Molini.

OSPEDALETTI

Vorwahl: 0184

ÜBERNACHTEN

Albergo Hotel Floreal
Via Regina Margherita, 83
Tel. 68 96 38 u. 68 96 39
Drei Sterne, 26 Zimmer mit Bad, davon 3 EZ, TV, Telefon.
Preise: EZ 35 000–49 000, DZ 65 000–82 000; Halbpension (Menü à la carte) 62 000–82 000 Lire. Vollpension (Menü à la carte) 72 000–92 000 Lire
Alle Kreditkarten

Das Hotel renoviert gerade die Zimmer, die sich zur Hälfte schon im neuen Marinestil möbliert zeigen, während das Mobiliar der restlichen deutlich die Zeichen der Zeit trägt. Positiv bemerkt wurden: die Höflichkeit und die vernünftigen Preise.

ESSEN

Ventunesima Luna
Via Regina Margherita, 104
Tel. 68 89 03
Mittwochs geschlossen
Betriebsferien: variabel
Plätze: 45 + 45 im Freien
Preise: 35 000 Lire, ohne Wein
Kreditkarten: DC, Visa

Das unpersönliche Ambiente wird durch Herzlichkeit und freundliche Bedienung ausgeglichen. Die Küche spricht Genueser Dialekt, mit den seltenen »mandilli de sea«, einer Lasagne, die in ganz dünnen Blättern zubereitet wird, den Ravioli mit feinen Kräutern, den Trenette in Pesto mit Kartoffeln und Bohnen und einigen anderen Vorspeisen. Die Hauptspeisen stammen stets aus ligurischem Repertoire: gefüllte Kalbsbrust, Sardellen (in Extravergine, Zitrone und etwas Schnittlauch mariniert), Stockfisch (je nach Jahreszeit), kleine Backfische aus dem Golf, Kaninchen mit kleinen, schwarzen Oliven und Pinienkernen. Besonderes Lob gilt der überbackenen Focaccia. Süßspeisen nach Art des Hauses. Die Qualität der Weine liegt entschieden unter der Qualität der Speisen.

PERINALDO

Vorwahl: 0184

ÜBERNACHTEN

Albergo La Riana
Corso Genova, 12
Tel. 67 20 15
Ein Stern, 4 Einzelzimmer mit Bad (WC auf dem Flur) 8 Doppelzimmer mit Bad.
Privater Parkplatz. Preise: EZ 28 000, DZ 48 000 Lire
Keine Kreditkarten

Es sind bereits ein paar Jährchen ohne Modernisierung ins Land gegangen, daher haben die Zimmer schon ein paar Falten. Unverändert sind die Ruhe des Ortes, der auf den Gebirgskamm blickt, der familiäre Service und die gemäßigten Preise.

EINKAUFEN

Öl

Castello di Perinaldo
Piazza Castello, 1
Tel. 63 23 46
oder
c/o Sylvie, Via Cavour, 45A
Ventimiglia, Tel. 35 63 07

Marco Romagnoli, der erst seit ein paar Jahren an der Olivenfront (und als Weinbauer) arbeitet, hat bereits volle Zustimmung gefunden, zur Förderung einer Qualität, die er durch geduldige Pflege der eigenen Olivenhaine in Cucco erlangt und durch gewissenhafte Auswahl des zugekauften Anteils. Vier- bis fünftausend Halbliter-Flaschen eines ausgezeichneten Olivenöls sind das Produkt einer modernen Pressung mit einer Kreislaufanlage.

PIEVE DI TECO

Vorwahl: 0183

ÜBERNACHTEN

Albergo De Filippi
Via Eula, 35
Tel. 3 63 43
Zwei Sterne, 10 Zimmer mit Bad und TV, davon 3 EZ, Parkplatz.
Preise: EZ 30 000, DZ 60 000, Vollpension 60 000 Lire
Kreditkarten: alle außer AE

Gianfranco Ventura hat, mit wertvollen Erfahrungen im Hotelbereich im Hintergrund, trotz seiner Jugend dieses kleine Hotel gekauft und (vor kurzem) renoviert. Obwohl es an der Hauptverkehrsader nach Nava liegt, ist es diskret und ruhig, mit modernen, gemütlichen Zimmern ohne Schnörkel. Natürlich kümmert sich der junge Mann um die Küche. Wer weiß, ob er nicht einige angenehme Überraschungen bereithält.

Albergo dell'Angelo
Piazz Carenzi, 11
Tel. 36240
Ein Stern, 17 Zimmer, davon 12 mit Etagendusche, 1 EZ mit Bad und 4 DZ mit Bad. Parkplatz.
Preise: EZ ohne Bad 25000, mit Bad 35000, DZ ohne Bad 45000, mit Bad 60000 Lire.
Kreditkarten: EC, Mastercard

Ein anziehendes Plätzchen liegt vor diesem alten Hotel, das seine Jahre mit Würde trägt. Die Zimmer sind im unvermeidbaren altmodischen Stil eingerichtet. Sehr ruhig und von der freundlichen Fürsorge des Eigentümers geprägt.

ESSEN

Dell'Angelo
Piazza Carenzi, 11
Tel. 36240
Freitags geschlossen
Betriebsferien: variabel
Plätze: 45
Preise: 40000 Lire, ohne Wein
Kreditkarten: CartaSi, EC, Mastercard

Das Restaurant hat traditionelle Prägung und besinnt sich auf die Düfte und Gewürze der Hausmannskost: hausgemachte Konserven, grüne Tagliatelle und mit Pilzen oder Tomatensoße angerichtete Ravioli. In dem mit Fresken verzierten Speisesaal (einem Relikt aus vergangener Zeit) kann man gemütlich sitzen und die folgenden Köstlichkeiten probieren: gefüllte Kalbsbrust nach Genueser Art, Kaninchen auf ligurische Art, Ossobuco in Vermentino, Schnitzel mit kleinen, ligurischen Oliven und – auf Vorbestellung – gefüllten Stockfisch. Zum Abschluß gibt es »gubeletti«, die typischen Kekse, die entweder mit Marmelade oder Zabbaione-Halbgefrorenem gefüllt sind. Einige hochwertige Weine.

Il Gallo della Checca*
Ortsteil Ponte Rotto, 31
Ranzo
Tel. 318197
Montags geschlossen
Betriebsferien:
im September
Plätze: 25
Preise: 55000–60000 Lire, ohne Wein
Alle Kreditkarten

Ein sehr vielseitiges Lokal. Die Weinkarte bietet eine Reihe einheimischer Weine, vorwiegend aus Norditalien und besonders aus den Kellereien der Ponente. Spezialitäten sind: Reis nach Quarnerer Art, kleine Kuchen bis hin zu Pilzen, Honig und Konfitüren verschiedener Geschmacksrichtungen, die typischen, in Öl eingelegten Spezialitäten, Olivenöl extravergine, Grappe und Liköre. Die Osteria, die zu Recht als etwas versnobt gilt, ist die andere Seite der Medaille. In sauberer, gefälliger, aber etwas affektierter Umgebung erscheint die Küche prätentiös, ist allerdings vom Wesen der kreativen Zubereitungen her durchaus angenehm. Das Preis-Leistungs-Verhältnis ist, trotz des Probier-Menüs zu 48000 Lire, nicht besonders ausgewogen.

EINKAUFEN

Amaretto di Pieve

Pasticceria Sabrina
Corso Ponzoni, 43

Mit süßem Duft, ausgewogen und überhaupt nicht langweilig, unterscheidet sich der Amaretto di Pieve von seinem Veltliner Bruder durch größere Weichheit.

Focaccia, grüne Torte

Panetteria '900
Via De Filippi

Der richtige Ort, um die morgendliche Abgeschlagenheit mit einer duftenden Focaccia oder einem Stückchen zarter grüner Torte zu bekämpfen. Weiterhin gibt es viele verschiedene Brotsorten, Buttergebäck und die »tome« (Hartkäse) aus Kuhmilch.

Honig, Käse und Öl

Alimentari Francesca Savona
Corso Ponzoni, 108

Das Ambiente ist eher anonym, aber dennoch kann man unter den alten Stadttoren von Pieve eine leckere Pause einlegen. Aus Ziegen-, Schafs- und Kuhmilch sind die einladenden Käsesorten (einschließlich des »brusso«), die von Schäfern oberhalb Monesi erzeugt und von Signora Francesca verkauft werden. Für Honigliebhaber sind die Regale mit allen Sorten des Imkers Gastaldi gefüllt.

La giara
Via Eula, 51

Einige Sorten ligurischer »toma« aus Schafs- oder Kuhmilch können neben weiteren Piemonteser Käsesorten sogar bei einem Glas Ormeasco probiert werden. Akazien-, Rhododendron-, Kastanien-, Thymian-, Eukalyptus- und Lindenblü-

tenhonig aus der Imkerei von Dino Gastaldi; Olivenöl extravergine aus eigenem Olivenanbau und aus dem der Brüder Lupi.

Öl

Tommaso e Angelo Lupi
Via Mazzini, 9
Tel. 3 61 61

Für ihre »Schwarze Perle« haben die Brüder Lupi auf eine kleine, aber sehr effektive, traditionelle Piemonteser Öhlmühle gesetzt, in der ausschließlich Früchte aus den eigenen Olivenhainen in Vasia und zugekaufte Taggiasca-Oliven aus Aurigo, Pornassio und Acquetico kaltgepreßt werden.

A Maccia
Via Umberto I, 56
Ranzo
Tel. 31 80 03

Die Damen Fiorito sind nicht nur Winzerinnen, sondern auch Ölmüllerinnen und verwandeln die kleinen schwarzen Oliven in ein opaleszierendes Olivenöl extravergine mit frischem, delikatem Geschmack und einem süßen Mandelgeruch, abgefüllt in runden Flaschen.

HANDWERK

Handgefertigte Schuhe

Clazature Aldo Fassone
Via Mazzini, 4

Er ist der letzte Schuhmacher in einem Ort, in dem dieses Handwerk einmal eine feste Einrichtung war. Das Schuhwerk für Jagd und Gebirge variiert im Preis je nach Art des Leders, eine mittlere Qualität kostet um 150 000 Lire.

WEINKELLEREIEN

Riccardo e Lena Bruna
Via Umberto I, 81
Tel. 3 80 82

Der rote tonhaltige Boden, die geduldige Pflege der Reben und der Ernteertrag sind das Trumpf-As von Riccardo Brunas »Pigato«, der aufgrund seiner Eigenschaften wie Weichheit, Struktur und Haltbarkeit zu den besten zählt.

Tommaso e Angelo Lupi
Via Mazzini, 9
Tel. 3 61 61

Die Brüder Lupi erwerben unter strenger Vorauswahl Pigato-, Vermentino-, Rossese di Dolceacqua- und Ormeasco-Trauben (letztere bauen sie auch selbst an) und decken mit einer Produktion, die ein bemerkenswertes Qualitätsniveau beweist, die gesamte Palette der Weine um Imperia ab.

A Maccia
Via Umberto I, 56
Ranzo
Tel. 31 80 03

Fernanda Fiorito kümmert sich um die Werbung, Tochter Loredana beaufsichtigt die Reben und kümmert sich um den Weinkeller. Die beiden sind die weibliche Form des Pigato. Restaurants werden zwar gewissenhaft und umsichtig beliefert, doch verkaufen sie lieber an Privatkunden.

Lorenzo Ramò
Via Sant'Antonio, 9
Pornassio (8 km von Pieve di Teco)
Tel. 3 30 97

Gian Paolo, erfahrener Weinfachmann, kümmert sich nicht nur um einige Betriebe der Ponente, er sorgt sich auch mit bemerkenswerten Ergebnissen um den Familienbetrieb. Ormeasco und Ormeasco Sciac-Trà (hat nichts mit dem aus Cinque Terre zu tun) sind die beiden interessanten Produkte, die diesen Weinkeller des Valle Arroscia verlassen.

PIGNA

Vorwahl: 0184

ÜBERNACHTEN

Hotel Terme
Località Terme Madonna
Tel. 24 10 46
Zwei Sterne, 17 Doppelzimmer mit Bad, Telefon. Bar, Privatparkplatz.
Preise: DZ 45 000, Vollpension 70 000 Lire
Kreditkarten: aller außer AE

Das Hotel ist vor allem im Sommer wegen seiner Lage im grünen Alta Valle und der frischen Luft auf 300 m Meereshöhe sehr angenehm. Die Zimmer sind zweckmäßig und ein bißchen altmodisch eingerichtet, aber absolut ruhig und sauber. Der Preis ist interessant.

ESSEN

La Posta
Via San Rocco, 60
Tel. 24 16 66
Donnerstags und im Winter am Abend geschlossen (außer Samstag und Sonntag)
Betriebsferien: 1.–15. Mai, 1.–20. Oktober
Plätze: 25
Preise: 25 000 Lire, mit Hauswein
Keine Kreditkarten

Zum Mittagessen gibt es für berufstätige Kunden ein Menü zum Einheitspreis. In dem hübschen Speisesaal, im Sommer aber auch im Freien, serviert Carla Alberti köstliche Kartoffeltorte, Gemüsetorte, Füllungen, exzellente Ravioli (mit Tomaten oder Butter und Salbei), »pansoti« mit Nußsauce, »rostelle« mit Ziegenkäse, Lammrippchen und andere Gerichte. Reservierung wird empfohlen. Bei rechtzeitiger Anmeldung können Sie Ihr Lieblingsgericht bestellen.

Le Terme*
Località Terme Madonna Assunta
Tel. 24 10 46
Mittwochs geschlossen
(im Juli und August nie)
Betriebsferien: 10. Januar bis 10. Februar
Plätze: 80
Preise: 35 000–40 000 Lire, ohne Wein
Kreditkarten: alle außer AE

Das Terme ist ein gut eingespielter Familienbetrieb, in dem qualitativ hochwertige Gerichte auch in großer Menge zubereitet werden; der Service ist liebenswürdig und freundlich. In der gastronomischen Landschaft des Hinterlandes brilliert das Terme durch die Sorgfalt bei der Zubereitung der Speisen und die Umsicht bei der Weinauswahl, bei der besonderes Augenmerk auf ligurische Weine gelegt wird. Die Speisekarte wird eröffnet durch die warmen und kalten Vorspeisen des Val Nervia, gefolgt von Gemüseravioli, gefüllten Nudeltäschchen, »parpagliuli«, Gnocchi, alle mit streng traditionellen Saucen. Die üblichen Fleischgerichte – Lamm, Kaninchen und Rind – machen ab und zu (oder auf Wunsch) Platz für Ziege, Kutteln oder Stockfisch.

EINKAUFEN

Pane di Pigna

Forno Papalia
Via De Sonnaz

Der jetzige Eigentümer hat mit der Bäckerei auch das alte Rezept für das »pane di Pigna« erworben, quasi ein Patent, das diesem Brot seinen einzigartigen Geschmack verleiht. Der Teig für dieses Vollkornbrot wird aus Vollkornmehl und Kleie hergestellt.

In Öl eingelegtes Gemüse, Oliven, Oliven in Salzlake

Bar la Posta
Via San Rocco, 60

Die Vitrinen sind voll von in Öl eingelegten getrockneten Tomaten und Pilzen (»ciuccotti«, Wiesenchampignons und »vinati«), gefolgt von Oliven in Salzlake, einer kleinen Produktion Olivenöl extravergine und Bohnen aus Pigna, alles aus eigenem Anbau. Käse aus Kuhmilch, Ziegenmilch oder Schafsmilch und »brusso« kommen aus der Region, der Honig stammt aus Corte (Alta Valle Argentina).

RIVA FARALDI

Vorwahl: 0183

EINKAUFEN

Öl

Frantoio Bartolomeo Martini
Via Molini, 1
Tel. 4 10 68

Das Metier des Ölpressens wird in der Familie Martini schon seit einem Jahrhundert weitervererbt; aus den kostbaren kleinen schwarzen Oliven aus dem Valle dei Faraldi (der Betrieb besitzt 500 Bäume), die traditionell mit Stein gemahlen und kaltgepreßt werden, wird ein gutes Extravergine in (üblicherweise) zwei Qualitäten hergestellt. Um eine Auswahl treffen zu können, fragen Sie ruhig, ob Sie die vielen Olivenprodukte probieren dürfen.

SAN BARTOLOMEO

Vorwahl: 0183

ESSEN

Il Frantoio
Via Pairola, 23
Tel. 40 24 87
Donnerstags geschlossen, im Sommer nie
Betriebsferien: kurz und unterschiedlich
Plätze: 35
Preise: 100 000 Lire
Kreditkarten: CartaSi, Visa (in Kürze alle)

Der Speisesaal, der rustikal-elegant und außergewöhnlich schön eingerichtet ist, befindet sich dort, wo früher einmal die Mühle war, Teil einer Villa aus dem 15. Jahrhundert. Ein Rahmen, der sich zusammen mit dem mitreißenden Schwung von Riccardo Di Falco, des Wirts und Leiters eines stets angenehmen und korrekten Service, zu dem verbindet, was einer vorzüglichen Küche das

Quentchen Klasse verleiht, das sie raffiniert und nie herkömmlich erscheinen läßt. Die Speisekarte richtet sich nach den Jahreszeiten und variiert von Mal zu Mal, je nach Marktangebot, Frische der Zutaten und optimaler Qualität der verwendeten einheimischen Produkte (das Extravergine nimmt einen wichtigen Platz ein). Der Weinkeller ist gut sortiert und enthält außer einer großen Auswahl italienischer Marken auch verschiedene wichtige internationale Weine, vorzugsweise der Vettern jenseits der Alpen.

EINKAUFEN

Süßes

Pasticceria Racca
Via Aurelia, 88

Seine Bestimmung zum Konditor stand für Renato Racca in den Sternen. Im Alter von 14 Jahren fühlt er sich »berufen« und beginnt in Turin, der Stadt der Schokolade, in der Nähe von Stratta in einem angesehenen Haus zu arbeiten. Er sammelt verschiedene Erfahrungen, bis er sich 1970 in Ligurien niederläßt. Seine Konditor-Phantasien verwirklicht er in Kreationen wie der »pignolata« (einer Süßspeise aus Teigkügelchen und Honig), den »scogli di San Bartolomeo« (einer Mischung aus Nüssen, Kakao und Zucker), der Wolkentorte (Mürbteig, Baiser und Honigcreme), dem eigentümlichen »Gifteis«, das die Farbe einer hellen Nuß hat und nach Minze und Schokolade schmeckt, und unter den jüngsten Kreationen die »stroscia« mit Olivenöl.

Öl, in Öl eingelegtes Gemüse und Marmelade

Sapori di Liguria
Via Roma, 131

Ein alter gelber Einkaufswagen, gefüllt mit appetitlichen Waren, füllt das gesamte Schaufenster dieses Betriebs, der das, was er erzeugt, auch verkauft. Hier kann die Verbindung zum Land vielleicht am besten dargestellt werden, in den Gläsern mit Artischocken, getrockneten Tomaten, Auberginen, Zucchini, alle in Öl eingelegt, den Packungen mit Pesto, Nußsauce, Olivenpastete, mit dem Olivenöl extravergine und den Marmeladen aus Orange, Zitrone und »miscimin« (wildwachsenden Aprikosen).

SAN BIAGIO

Vorwahl: 0184

WEINKELLEREIEN

Giovanna Maccario
Via Torre, 19
Tel. 28 91 53

Die Winzertradition der Familie, die mit dem Tod des unvergessenen Mario verloren schien, lebt dank der Starrköpfigkeit seiner Frau wieder auf. Der in San Biagio erzeugte Rossese di Dolceacqua ist besonders duftend und fruchtig.

Rodolfo Biamonti
Via Molinari, 7
Tel. 28 94 61

In den letzten Jahren hat sich die Technik der Weinherstellung in der Gegend entscheidend verbessert (früher wurden die besten Trauben geradezu entwürdigt), auch dank der Sensibilisierungsarbeit der Handelskammer aus Imperia. Ein gelungenes Beispiel hierfür ist dieser Winzer, der einen fruchtigen und milden Rossese di Dolceacqua anbietet.

SANREMO

Vorwahl: 0184

ÜBERNACHTEN

Hotel Alexander
Corso Garibaldi, 123
Tel. 50 45 91
Drei Sterne, 9 Doppelzimmer und ein Einzelzimmer mit Bad, Minibar, TV, Telefon. Parkplatz, Garten.
Preise: Hochsaison
DZ 140 000, EZ 80 000,
Vorsaison DZ 100 000,
EZ 60 000 Lire.
Kreditkarten: die üblichen

In nächster Nähe des Stadtzentrums ist die Stärke dieses Hotels der erholsame Innengarten, auf den einige Zimmer blicken.

Hotel Festival
Via XX Settembre, 45
Tel. 53 34 66
Vier Sterne, 24 Zimmer, davon 3 EZ mit Bad, TV, Telefon, Minibar, Tresor und Klimaanlage. Garage (10 000 Lire pro Tag in der Vorsaison, 12 000 in der Hochsaison), Bar, Restaurant, Terrasse, Solarium.

Preise: Hochsaison DZ 160 000, EZ 90 000; Vorsaison jeweils 130 000 und 70 000 Lire, mit Frühstück.
Kreditkarten: die üblichen

Der kleine Palazzo, der das Hotel beherbergt, ist in einem strengen, grauen Farbton gehalten, der den äußeren Anschein verdüstert und daher mit Strafpunkten belegt wird. Die Zimmer sind nicht einheitlich, modern eingerichtet, aber etwas unpersönlich. Zentrale Lage.

Hotel Villa Mafalda
Coros Nuvoloni, 18
Tel. 57 25 72
Vier Sterne, 57 Doppelzimmer mit Bad, TV, Telefon. Bar, Garten, Garage, Parkplatz. In der Vor- und Zwischensaison können die Doppelzimmer auch als Einzelzimmer gebucht werden.
Preise: 110 000 (Vorsaison), 140 000 (Hochsaison); Frühstück 11 500 Lire
Alle Kreditkarten

In unmittelbarer Nähe des Casinos, in einer kleinen, ruhigen Palmenoase, bietet die im Jugendstil renovierte Villa guten Komfort in einem sehr schönen Ambiente, in das der Lärm der Stadt nur gedämpft eindringt.

ESSEN

Bacchus
Via Roma, 65
Tel. 53 09 90
Betriebsferien: in der zweiten Julihälfte
Plätze: 40
Preise: 20 000–25 000 Lire, ohne Wein
Keine Kreditkarten

Mit Käse gefüllte Focaccia, Hefekuchen, Gemüsetorte, Fritiertes können ein Imbiß sein, den man an der Theke dieser Weinhandlung mit Gastronomie einnimmt, oder zur Vorspeise werden, die den stets verschiedenen, warmen Gerichten vorangeht, die täglich auf einer Schiefertafel am Eingang angeschrieben werden. Die Familie Fabris prägt die Atmosphäre des Lokals mit Freundlichkeit und Liebenswürdigkeit.

Le Cantine Sanremesi
Via Palazzo, 7
Tel. 57 20 63
Sonntags geschlossen
Betriebsferien: gelegentlich
Plätze: 48
Preise: 15 000 Lire, mit einem Glas Wein
Keine Kreditkarten

Ein kleines historisches Lokal, dessen Aushängeschild seit jeher die Küche aus Sanremo war, ohne dabei die regionalen Rezepte zu vernachlässigen. Die Formel lautet »tägliche Abwechslung der warmen Gerichte«, zu denen man als Beilage (in regelmäßigem Wechsel) einige typische Zubereitungen wie Hefekuchen, Focaccia mit verschiedenen Füllungen (Zwiebeln, Kürbis, Käse, Mangold, Spinat), grüne Torte oder Kastanienkuchen wählen kann. Bescheiden und leider sehr eingeschränkt (trotz des Namens) ist die Weinauswahl.

Fontana Bianca
Valle Armea Nord
Ceriana
Tel. 55 10 79
Mittwochs geschlossen
Betriebsferien: variabel
Plätze: 60
Preise: 25 000–30 000 Lire
Keine Kreditkarten

Einfachheit, Unverfälschtheit und Qualität sind drei Substantive, die klar beschreiben, was man von den Bräuchen an den Herden der Signora Maria Pia erwarten kann. Die Forelle wird als Einleitung zu den Vorschlägen auf der Speisekarte geschätzt, die sich mit Kaninchen und Lamm fortsetzt, nachdem man seine Wahl zwischen Gemüseravioli und grünen Nudeln getroffen hat; zum Dessert gibt es Mürbteigkuchen. Neben dem Hauswein einige regionale Weine. Unbedingt reservieren.

Nuovo Piccolo Mondo*
Via Piave, 7,
Tel. 5 09 90 12
Sonntags und Mittwochabend geschlossen
Betriebsferien: in den letzten drei Juniwochen
35 Plätze
Preise: 25 000–30 000 Lire, ohne Wein
Keine Kreditkarten

Die sehr beliebte Trattoria – um die Mittagszeit sollte man reserviert haben – ist ein Familienbetrieb und ein Fixpunkt für gute Küche in der Region. Renata Borchi bereitet die köstlichsten Gerichte: Kalbsbrust, Sardellen oder gefülltes Gemüse, Octopus mit Kartoffeln, Minestrone, Bandnudeln mit Pesto und vieles mehr. Vor kurzem hat die Tochter im nahen Menton in der Rue Pietonné eine Trattoria gleichen Namens und mit derselben Speisekarte eröffnet.

Taverna al 29*
Via Morardo, 8,
Tel. 57 00 34
Mittwochs geschlossen
Betriebsferien: im Oktober
Plätze: 25
Preise: 50 000 Lire
Keine Kreditkarten

Enrico Balestra, ein alter Herr, der schon immer gerne sein Glück beim Roulette herausgefordert hat, hatte vor ein paar Jahren das Glück, gleich dreimal mit der klassischen Spielerkombination einen Treffer zu landen: 29 und Pferde. Der Name des Restaurants ist eine

Hommage an die Göttin mit den verbundenen Augen. Mit verbundenen Augen kann man auch die Gerichte von Marisa Franchi, einer eingebürgerten Veltlinerin, auswählen, die hauptsächlich auf traditioneller ligurischer Küche aufgebaut sind. Die Vorschläge, die je nach Marktangebot variieren – die Zutaten sind garantiert frisch – bestehen entweder aus Fleisch oder Fisch. Begrenzte Auswahl an Speisen. Reservierung ist unbedingt notwendig.

SANDWICHES, SNACKS

Lo spuntino
Via Martiri, 10

Die Spezialität des Lokals ist »a bistecca sanremasca«, ein Sandwich, das einmal nicht mit Fleisch belegt wird, aber dennoch recht lecker ist: die Kruste eines halbierten Brotes wird mit einer Knoblauchzehe eingerieben, die Brotkrume in kalt gepreßtem Olivenöl eingeweicht und gesalzen, danach wird eine Tomate auf dem Brot zerdrückt (Ochsenherz), die zuvor von Saft und Kernen befreit wurde, noch ein paar Basilikumblättchen dazu, fertig!

EINKAUFEN

Eis, Süßwaren

Bar cremeria pasticceria Festival
Corso Matteotti, 196

Ein Besuch zu einer Kostprobe ist fast obligatorisch, wenn Sie in der Nähe sind. Kuchen und Eis sind ausgezeichnet.

Bar Garibaldi
Via Garibaldi, 49

Hat der Held der zwei Welten tatsächlich gerne Eis gegessen, oder fehlte es dem Eigentümer nur an Phantasie? Die jedoch ist ganz bestimmt bei der Herstellung der köstlichen und vielfältigen Eissorten vorhanden, die einladend aus den Bottichen blinzeln.

Gelateria Ausenda
Corso Matuzia, 97

Es gibt keine Möglichkeit, die Waffeln und Eisbecher im Sitzen zu verspeisen. Nur zum Mitnehmen, aber ein Tip für naschhafte Spaziergänger.

Leckereien

Il fornaio Saraceno
Piazza Colombo, 9

Brot und Kuchen, vor allem aber appetitliche Kekse aus Mürbteig und Pinienkernen, verschiedene Mürbteigkuchen, »baci di Sanremo«, Pinolata (Mandelteig und »gobeletti«)

Pasticceria San Romolo
Via Carli, 6

Die elegante Einrichtung im Piemonteser Barock zeugt vom guten Geschmack des alten Besitzers (nicht zu vergessen, daß in den 50er Jahren, als die Konditorei eröffnet wurde, die Ameisen das Regiment führten) und weist auf die Ursprungsgegend hin. Wenn sich etwas verändert hat, dann gewiß nicht die Qualität der süßen Spezialitäten: die »baci di San Remo« (ein doppelter Keks, der einen Kern aus Schokolade und Nüssen umschließt, ohne Likör), die »romoletti« (zwei Nußschalen, gefüllt mit Schokoladencreme und Zitruslikör) und die mit Schokolade und Rum gefüllten »sanremesi«, gefolgt von den ganzen anderen frischen und trockenen Kreationen, die stets professionell und mit ausgezeichneten Zutaten zubereitet werden.

Lebensmittel

Alimentari Sciolè
Via Roma, 125

Mehr als in einem Laden steht man hier in einem vollgestopften Warenlager, in dem es wirklich alles gibt, auch weniger Alltägliches. Von Mehlsäcken, getrockneten Hülsenfrüchten und Getreide über Nudeln zu getrockneten Pilzen, Olivenöl extravergine bis hin zu in Öl eingelegten ligurischen Spezialitäten oder spanischen Sardellen findet man hier eine ungewöhnliche und verwirrende Mischung.

Biologische Erzeugnisse

Cooperativa Agricola Vitalba
Via Montà 16

Fast mitten im historischen Zentrum bietet der Verkaufsraum der Kooperative seinen Kunden eine Reihe von Produkten verschiedener Herkunft, wie z. B. Käse, Joghurt, Honig, Nudeln, etc. Ligurien ist mit Olivenöl extravergine, Obst und Gemüse vertreten.

Sardenaira, grüne Torte, Farinata

Bar Novecento
Via Palazzo, 131

Auch in diesem Lokal in der überfüllten Via Palazzo gibt es Brotzeit auf ligurische Art. Stets vorhanden und unverzichtbar sind die »sardenaira« (Hefekuchen) und die grüne Torte, aber auch die kleinen Appetithappen wie die Pfannkuchen mit Klippfisch.

Maggiorino
Via Roma, 183

Super Farinata (die beste in Sanremo), die sehr heiß gegessen wird, um sie ganz knusprig genießen zu können, ferner Sardenaira, gute Focaccia, grüne Torte und Apfelkuchen.

Wein

Enoteca Bacchus
Via Roma, 65

Eine Palette bekannter und weniger bekannter Weine, quer durch alle italienischen Anbaugebiete. Giovanni Fabris, der Sommelier, bietet täglich eine Reihe von Weinen zur Probe an, begleitet von appetitanregenden Häppchen. Er führt auch verschiedene Grappe und Olivenöl extravergine.

Enoteca Marone
Via San Francesco, 61

Ein schönes Sortiment italienischer Weine, bedeutender europäischer mit besonderer Betonung der französischen, und eine Auswahl kalifornischer, australischer, neuseeländischer, südafrikanischer, chilenischer und libanesischer: insgesamt 1200 Weine, von denen etwa vierzig aus Ligurien stammen. Hochprozentiges wie Grappa oder Whisky ist vorzüglich. Eine Ecke nur mit Olivenöl extravergine, hauptsächlich aus Imperia, und einige gastronomische Köstlichkeiten komplettieren das Angebot.

Cocktails

Pino's American Bar
Via Roma, 105

So klein die Bar auch ist, so hoch ist das Niveau der Cocktails. Da sie stets sehr gut besucht ist, ist es eine Heldentat, einen Hocker zu erobern: Die Unbeirrbarsten nehmen ihren Drink an der Türschwelle.

SANTO STEFANO AL MARE

Vorwahl: 0184

ESSEN

Le volte★
Via Roma, 68
Tel. 48 70 12
Montags geschlossen
Betriebsferien: in der letzten Januarwoche und eine Woche im Oktober
Plätze: 40 + 40 im Sommergarten
Preise: 35 000–40 000 Lire, ohne Wein
Kreditkarten: AE, DC, Visa

Vor zwanzig Jahren wäre für Beppe Mazzoli eine umsichtige und nach Veränderung suchende Küche noch unnütze Zeitvergeudung gewesen; heute, mit der Weisheit und Erfahrung des Alters, denkt der Chefkoch und Wirt anders, und er demonstriert das mit einer neuen, leichten und ausgewogenen Küche. Von den alten Ideen hat er die gemäßigten Preise beibehalten und einen stets gut gefüllten und wohlsortierten Weinkeller. Unter den Vorspeisen befinden sich Oktopussalat mit Kartoffeln, Gemüsepudding im Tomatenring, Krebse in der Schale und gratinierte Muscheln. Ein erster Gang, den man gerne zweimal essen möchte, sind die Gnocchi in Lauchcreme (ein Gericht aus Briga), die wahlweise auch mit Muschelragout auf der Karte stehen. Bei den Hauptgängen aus dem Meer bleiben die Muscheln in Weinsauce und die gefüllten Calamari in guter Erinnerung, für Fleischliebhaber gibt es Filet in Balsamicosauce und Kaninchen mit Schalotten, Olivencreme und Tomatenwürfeln.

EINKAUFEN

Lavendelessenz

Giacomo Papone
Via Trieste, 2
Ortsteil Torre Paponi (5 km von Santo Stefano al Mare)

Diese Lavendel-Destille hat Seltenheitswert. Signor Giacomo produziert weiter (wahrscheinlich als einziger in der Ponente) seine Wundermittel (die Blüten haben antiseptische, krampflösende, sedative und reinigende Eigenschaften) und stark duftenden Essenzen, die vielfältig eingesetzt werden.

SOLDANO

Vorwahl: 0184

ESSEN

Osteria di Soldano
Corso Verbone, 61
Tel: 28 90 06
Dienstags geschlossen
Betriebsferien: zwischen September und Oktober
Plätze: 60
Preise: 30 000–35 000 Lire, ohne Wein
Keine Kreditkarten

Mittags sind die Mahlzeiten einfacher, denn es kommen hauptsächlich die Arbeiter aus der Umgebung; abends werden diese durch ein treues Publikum aus Stammkunden und Urlaubern ersetzt, die Gefallen an den örtlichen Gerichten finden. Kürbisblüten und gefülltes Gemüse, Kalbsbrust Genueser Art und Fritiertes sind nur einige der Vorspeisen. Es folgen die berühmten Gemüseravioli in Butter und Thymian, Gnocchi al Pesto, Tagliolini in Pilzsauce. Nicht fehlen dürfen Fleisch vom Schaf und von Kleintieren. Zum Essen trinkt man einheimischen Wein.

WEINKELLEREIEN

Enzo Guglielmi
Corso Verbone, 143
Tel. 28 90 42

Dieser Winzer von Rang hat das Familienhandwerk mit Feingefühl fortgeführt und verbessert. Seine Reben liegen im »klassifizierten Lagenbereich« des Gemeindegebiets, im Gebiet von I Pini. Ferner liefern die kleinen Ernten und die gewissenhafte Arbeit im Weinberg einen hochkarätigen Rossese di Dolceacqua Superiore.

Giuseppe Pippo Viale
Corso Verbone, 8
Tel. 28 90 04

Ein kleiner Betrieb – wie so viele in Ligurien –, der ohne großartige Technologie einen angenehmen, würzigen, weichen Rossese di Dolceacqua erzeugt.

TAGGIA

Vorwahl: 01 84

EINKAUFEN

Typische Süßwaren

Sandro Marchetti
Via Mazzini, 54

Am 12. Februar, dem Feiertag des San Benedetto Revelli, freut man sich über das traditionelle Gebäck und die Fenchelkekse. In dieser Bäckerei gibt es sie das ganze Jahr sowie auch Focaccia, grüne Torte und den mit Orangenblüten gewürzten »granatino«.

TRIORA

Vorwahl: 01 84

EINKAUFEN

Käse

Angelu de Nuatin
Via Roma, 17

In einem der beiden kleinen, nebeneinander liegenden Räume verarbeitet Signora Maria Lorenzina nach alter Handwerksart die Milch der eigenen Kühe und macht daraus »tome« (Hartkäse) sowie fermentierten Ricotta (den »brusso«) und plaziert sie zum Trocknen auf Holzbrettern. Im anderen Raum wird abgewogen und verkauft, und der Käse ist so gut, daß er gar keine Zeit zum Reifen findet.

Honig, Pilze, Marmelade, Käse

Alimentari Triora
Corso Italia, 22

Am Eingang des Ladens steht ein umfangreiches Sortiment aus Honig (Kastanie, Lindenblüten, Rhododendron, Thymian) und hausgemachten Marmeladen (Himbeeren, Johannisbeeren, Holunder, Brombeeren, Maulbeeren, Feigen, Kastanien). Der junge Eigentümer, ein erfahrener Pilzsucher, füllt die Körbe mit allen Pilzen, die in der Umgebung wachsen; während der Saison gibt es sie frisch, ansonsten getrocknet oder in Öl eingelegt. Gutes hat auch die »Käseauswahl« zu bieten: Die Sorten aus Kuhmilch kommen aus der Gegend von Vignago di Molini, der »brusso« aus Ziegenmilch kommt aus Corte, die kleinen Käse (immer aus Ziegenmilch) stammen vom Schäfer Censin, während der Schafskäse aus dem Ortsteil Pin geliefert wird, alles einheimische Produkte. Aus Ligurien kommen auch das Olivenöl extravergine und die in Öl eingelegten Gemüse.

Pane di Triora

Panetteria Asplanato
Corso Italia, 37

Der Teig für das »pane di Triora« wird aus Mehl Type Nr. 1 hergestellt, das reich an Fasern und Proteinen ist. Das Brot ist breit und rund wie das, das früher (in öffentlichen oder privaten Öfen) einmal pro Woche gebacken wurde, und es hält sich gut. Dies hier ist das Stammhaus, doch die Brotlaibe werden auch an einige Bäckereien und Lebensmittelläden in der Provinz geliefert.

VALLECROSIA

Vorwahl: 0184

ÜBERNACHTEN

Albergo Piccolo Paradiso
Passeggiata Marconi, 103
Tel. 29 55 23
Drei Sterne, 10 Doppelzimmer mit Bad (sechs mit Meerblick), TV, Telefon. Privatparkplatz. Bar und Badeanstalt (nicht im Preis enthalten)
Preise: DZ 72 000–85 000, Vollpension 83 000–94 000 Lire.
Keine Kreditkarten

Der Name des Hotels unterstreicht die gefällige, ästhetische Geradlinigkeit, die Adjektivierung, die zurückhaltenden Dimensionen: alles ist stimmig. Das Rauschen des Meeres macht schläfrig, und die Zimmer sind komfortabel und großzügig.

ESSEN

Giappun *
Via Maonaira, 7
Tel. 25 05 60
Mittwochs geschlossen
Betriebsferien: 28. Juni–13. Juli und in der ersten Oktoberhälfte
Plätze: 35
Preise: 50 000 Lire, ohne Wein
Kreditkarten: alle außer Diners Club

Die Zutaten stammen aus dem Meer und aus dem Gemüsegarten, an Fleisch werden wenig Zugeständnisse gemacht. Die Familiengeschichte, die bereits seit Anfang des 20. Jahrhunderts besteht, als das Lokal noch eine Herberge und Poststation war, wird von Roberto Lamberti fortgeführt und mit neuem Leben erfüllt. Ein solider persönlicher Erfahrungsschatz und die Bereitschaft zur Konfrontation kennzeichnen die Küche, die nach Ligurien duftet. Man beginnt (je nach Angebot und Jahreszeit) mit »branda cujon«, warmem Salat aus Krebsen und Zucchini, Muschelsuppe und echten Venusmuscheln. Es folgen Kartoffel-Gnocchi mit Meerbarbe und Tomaten oder Ravioli mit Seebarsch und Borretsch, die ungewöhnlicherweise von Fischsuppe begleitet werden. Der tägliche Fischfang bestimmt das Angebot des einen oder anderen Gerichts. Bei den Süßspeisen erinnern wir uns wegen ihrer köstlichen Einfachheit an die Apfeltorte alla vallecrosina. Die Weine sind gut, die Auswahl könnte größer sein.

Pesce Spada
Via San Vincenzo, 108
Tel. 29 02 82
Sonntags geschlossen
Betriebsferien: im Oktober
Plätze: 35
Preise: 16 000–20 000 Lire, ohne Wein
Keine Kreditkarten

Carmelo, ernstes Gesicht, zufrieden, Schnurrbart bis zur Brust, eine Lebensphilosophie, die Ängste ausschließt, das ist der Mann, der die Hosen anhat: er regiert über die Bar und beaufsichtigt alles, was hier vor sich geht. Eine der beiden Töchter hilft der Mutter in der Küche, die andere, Denise, kümmert sich um die Gäste. Der Service ist ausgesprochen familiär, ungezwungen und freundlich. Mittags berufstätiges Publikum, abends mit etwas mehr Flitter. Wenige, aber gut zubereitete Gerichte. Ravioli, Tagliatelle und leckere Spaghetti mit Meeresfrüchten; stets frisch und sorgfältig zubereitet sind die fritierten Fische. Signora Noemi bereitet auch den Schwertfisch zu, gegrillt oder aus der Pfanne mit Knoblauch, Schnittlauch und Weißwein. Im Winter erweitert sich das Speisenangebot: Kutteln, Ziege und Stockfisch stehen dann auf der Karte. Traumhafte Preise. Der Wein? Wer ihn mag…

EINKAUFEN

Süßes

Pasticceria Adriana
Via Aprosio, 201

Eine Verabredung mit einer ganzen Reihe von leckeren, verlockenden und verführerischen Süßspeisen, die man nicht versäumen darf. Geben Sie sich der Amandina hin, einer kalorienreichen Mischung auf Mandelbasis, den Vallecrosini mit Rum (Schokolade und Sahne), den Segreti (Nußcreme, eingehüllt in Schokoladenschalen) und von Oktober bis Sommeranfang dem alten, (von den anderen) fast vergessenen ligurischen Gebäck, der Sacripantina.

VASIA

Vorwahl: 01 84

ESSEN

Trattoria dell'Ulivo
Via Case Martini, 4
Tel. 28 21 79
Montags geschlossen
Betriebsferien: im Oktober
Plätze: 50
Preise: 30 000 Lire, ohne Wein
Keine Kreditkarten

In der warmen Jahreszeit ist es ein Vergnügen, unter der Laube zu speisen, die von grünem Weinlaub umrankt wird. Die Küche ist unverfälscht, man kocht nach traditionellen Rezepten, die von Signora Dutto geschickt umgesetzt werden: Tagliatelle (hausgemacht) mit Pilzen, »streppacaccialà« mit Pesto, Kürbisgnocchi, die noch Platz für Fleischgerichte wie Kaninchen, Zicklein und Wildschwein und ab und zu auch für Schnecken lassen. Der Wein, Vermentino und Pigato aus eigenem Anbau, schmeckt gut und einwandfrei.

EINKAUFEN

Öl

Mauro e Roberto Saluzzo
c/o Trattoria dell'Ulivo

Die Söhne der Signora Dutto, die sich in der Trattoria um den Speisesaal kümmern, erzeugen auch kleine, exquisite Mengen eines Olivenöls extravergine, das sich durch fruchtigen Duft und weichen, lebendigen Geschmack auszeichnet.

VENTIMIGLIA

Vorwahl: 01 84

ÜBERNACHTEN

Albergo Bel Soggiorno
Via Asse, 93 A
Tel. 29 53 93
Drei Sterne, 5 EZ mit Bad, 55 DZ mit Bad, TV, Videorecorder und Telefon.
American Bar, Privatparkplatz, Bibliothek, Videothek.
Preise: EZ 60 000–80 000*, DZ 90 000–120 000* Lire.
Die mit * gekennzeichneten Preise gelten nur im August, an Neujahr, Ostern und zum Großen Preis von Monte Carlo.
Kreditkarten: Visa, Diners Club

Innen modernisiert und komfortabel ausgestattet, befindet sich dieses Hotel in einem Wohngebiet wenige Meter vom Strand und von der Hauptverkehrsader etwas abgeschirmt.

Hotel Calypso
Via Matteotti, 8
Tel. 25 15 88
Zwei Sterne, 3 Einzelzimmer, davon eines mit Bad, 28 Doppelzimmer, davon 16 mit Bad.
Preise: EZ 25 000–40 000; DZ mit Bad 55 000–75 000, ohne Bad (Etagen-WC) 45 000–60 000 Lire. Frühstück 7500 Lire. Die Zimmer mit Bad haben TV. Bar, Garage.
Kreditkarten: CartaSi, Visa

Zentrale Lage, aber dennoch recht ruhig. Einfache und saubere Zimmer.

Hotel Sole Mare
Passeggiata Marconi, 12
Tel. 35 18 54
Drei Sterne, 27 Doppelzimmer mit Bad, TV, Telefon. 1 Einzelzimmer. Bar, Garten, Privatparkplatz, Garage.
Preise: EZ 48 000–60 000, DZ 60 000–90 000 Lire
Alle Kreditkarten

Das Hotel steht praktisch mit den Fundamenten im Meer, von dem es nur durch die Straße getrennt wird. Hübsch und komfortabel steht es unter der umsichtigen Leitung der Signora Milly, die ein entspanntes und wohlwollend familiäres Klima schafft.

ESSEN

Baia Beniamin★★
Corso Europa, 63
Grimaldi inferiore
Tel. 3 80 02
Sonntagabend und montags geschlossen (im Sommer nur montags)
Betriebsferien: unterschiedlich
Plätze: 35 + etwa 10 im Freien
Preise: 110 000 Lire, ohne Wein
Alle Kreditkarten

Ein entzückender Ort bildet den Rahmen für dieses Restaurant, das seinen Namen von der ruhigen Bucht ableitet, in der es der Gastgeber ist. Oscar Fasirolo und Carlo Brunelli haben (sehr wirkungsvoll) das Bühnenbild entworfen und die Küche auf ein hohes Niveau gebracht. Nur frischester Fisch und Fleisch von hoher Qualität genügen den Ansprüchen des Chefkochs, der sie zu exzellenten Gerichten mit ewig langen Namen verarbeitet. Mit dem Probiermenü zu 90 000 Lire kann man den Wert dieser Küche umfassend erfahren; die-

selben Gerichte kosten à la carte 110 000 Lire. Die Weinauswahl ist absolut zufriedenstellend.

Balzi Rossi**
Piazzale De Gasperi, 11
Tel. 3 81 32
Montags und Dienstagmittag geschlossen
Betriebsferien:
5.–25. November/
1.–15. März
Plätze: 40
Preise: 120 000 bis 130 000 Lire, ohne Wein
Alle Kreditkarten

Die Küche von Giuseppina Beglia profitiert von ihrem launigen Naturtalent und ihrer Kreativität, die, zusammen mit bewußter Professionalität, stets zu bemerkenswert ausgewogenen und leichten Ergebnissen führen. Die Küche stützt sich auf ligurische Rezepte, deren Zutaten sie verehrt, hervorhebt und vereint. Das Lokal ist fest, nahezu osmotisch, mit dem Meer verbunden, aus dessen Reichtümern es schöpft: »tortelli di nasello« in Pesto, Fischsuppe (phantastisch), Petersfisch in Vermentino mit Oliven und Goldbrasse in Steinpilzragout sind nur ein paar der Gerichte, die zusammen mit gefüllter Lasagne, Risotti, gefüllter Kalbsbrust mit Schnittlauchsauce, Kräuterfilet und all den anderen Speisen auf die Jahreszeiten eingestimmt sind und nach der gastronomischen Partitur der Balzi Rossi eine perfekte Symphonie erklingen lassen. Das Weinsortiment läßt zwar Raum zur Auswahl, zollt dem Rang des Lokals aber wenig Respekt. Die Preise auf der Speisekarte klettern (trotz des gemäßigten Menüs zu 70 000 Lire) bis zu 130 000 Lire.

Marco Polo*
Passeggiata Cavallotti
Tel. 3 56 78
Montags geschlossen
Betriebsferien:
15. Januar–Ende Februar
Plätze: 50
Preise: 55 000–60 000 Lire, ohne Wein
Kreditkarten: alle außer Diners Club

Die Gerichte des Marco Pani, der sich den Erfolg mit seiner Frau Ivana, einer erfahrenen Konditorin, teilt, sind hauptsächlich bestimmt von französischem Duft und der Würze des ligurischen Meeres, mit kleinen Abschweifungen in italienische Rezepte. Die Speisekarte wechselt mit den Jahreszeiten: Man paßt sich an, indem man, vom Strand angelockt, im schattigen Sommergarten Platz nimmt, auf der Terrasse, die von einer abendlichen Brise erfaßt wird, oder im anziehenden Inneren. Das Weinangebot ist der guten Küche ebenbürtig.

Pasta & Basta
Via Marconi, 12A
Tel. 23 08 78
Mittwochs geschlossen
keine Betriebsferien
Plätze: 80
Preise: 15 000–18 000 Lire, ohne Wein
Kreditkarten: die üblichen

In gefälliger und heller Umgebung, in die gedämpft das Rauschen des Meeres herüberdringt, gibt es trockene und gefüllte Nudeln mit den traditionellen ligurischen Saucen und Verbindungen, die den Regeln anderer Rezepte oder der Inspiration des Küchenchefs folgen. »Troffie« in Pesto, Gnocchi in Brennesseln, mit Radicchio und Käse gefüllte Teigtäschchen, Spaghetti mit Tintenfischchen, Fusilli mit Speck und phantasievolle Salate.

KAFFEE, APERITIF, SANDWICHES

Bar Bananarama
Corso Cavalotti, 13

Hauptsächlich junges Publikum belebt farbenfroh, bunt und laut die Abende in diesem Lokal, in dem nicht nur Bier getrunken wird und in dem für den kleinen Hunger feine kalte und warme Sandwiches, gemischte Salate, gefüllte Focaccia und die unverzichtbaren Pommes frites serviert werden. Das Lokal ist von 19.00 bis 2.00 geöffnet und dienstags geschlossen.

Bar Caffé Cavalieri
Via Roma, 19

Die einladende Terrasse des kleinen, hübschen Cafés blickt auf den Rathausplatz. Sie ist der Treffpunkt, wenn man einen Cocktail trinken oder etwas essen möchte: Die Reihe der Sandwiches ist reichhaltig und hat so einladende Namen wie »Köstlichkeiten des Café Cavalieri«. Sie werden von dem vielseitigen Mario mit hohem Anspruch an die Qualität zubereitet. Als Alternative gibt es Salate.

Bar del Teatro
Via Mameli, 1 B

Ein guter Platz, um sich mit einem vom jungen Giancarlo Orengo zubereiteten Imbiß zu stärken. Einige kalte Gerichte, Würste, und aus dem Ofen kommt die Ponente: Focaccia mit Kräutern, Zwiebeln, Oliven; nicht zu vergessen die ausgesprochen appetitliche »pisciadela«.

EINKAUFEN

Castagnole (kleine Krapfen)

La boutique del pane
Mondino
Via Roma, 38

Gaumenfreuden garantiert die Castagnola, die traditionelle Süßspeise aus Ventimiglia, die praktisch verschwunden war und in diesem Geschäft zu neuen Ehren gelangt, neben süßer Salami, Ricottatorte und kleinen Panettoni nach Genueser Art. Gut ist auch das Brot, besonders das aus Roggen-Weizen-Mix oder das Fünfkornbrot.

Focaccia, Pisciadela

Panetteria Meineri
Corso Genove, 128

Auf Höhe des Römischen Theaters eine gute Adresse, um mit Kuchen und Pisciadela zu frühstücken.

Panetteria, Pasticceria
Via Stazione, 1 B

Andrea Dallorto und seine Frau haben ein Stück ihres Dolceacqua und einige Variationen von dort nach Ventimiglia gebracht. Ganz ausgezeichnet und zu angemessenen Preisen, ohne der Versuchung des in Ligurien weit verbreiteten »Raubrittertums« zu verfallen. Um Ihnen das Wasser im Munde zusammenlaufen zu lassen, wollen wir hier erwähnen: »pasta cun a pumata«, »pasta cun e erbe«, »pisciadela«, grüne Torte mit Mangold oder Artischocken (bemerkenswert), und dann noch »michetta«, »torta tacunà«...

Ezio Rebaudo
Mercato della verdura
Corso Repubblica

Ezio, ein Signore mittleren Alters, betreibt dieses Metier schon sein Leben lang. Die Ergebnisse sind die appetitliche Farinata (im Winter), die »pisciadela«, von der man nie genug bekommen kann, und die anderen wohlschmeckenden Schmankerl wie die grüne Torte, Focaccia, Kastanienkuchen (im Winter) und die »michette«.

Eis

Gelateria Haiti
Via Roma, 26

Sorgfältige eigene Herstellung. Ausgezeichnete Sortenvielfalt, angefangen bei klassischem Fruchtgeschmack bis hin zu einigen ungewöhnlichen Vorschlägen. Eistorten, Milchshakes.

Wein, Aperitif

Enoteca Sottovento
Via Martiri della Libertà

Luigi Piombo hat hinter der Bank und mitten im Leben die Rolle des Brummbärs übernommen (aber eines gutmütigen), darüber täuscht auch seine scheinbare Widerspenstigkeit nicht hinweg. Man trinkt ein bißchen von allem, je nach Laune des bizarren Charakters: vom Top-Wein bis zu den einfachsten, ganz und gar nicht adeligen Erzeugern.

HANDWERK

Keramik

Perotti
Via Vittorio Veneto, 13

Die junge Signora Perotti setzt ihren guten Geschmack in Farben und Formen um. Ihr Repertoire: Haushaltsgegenstände, Schilder für Türen und Häuser, Geschirr, bunte Platten, und Lampen.

VILLA FARALDI

Vorwahl: 0183

ESSEN

La Campagnola
Via Piave, 2,
Ortsteil Tovo
Tel. 41031
Mittwochs geschlossen
Betriebsferien:
im November
Plätze: 40
Preise: 25000 Lire, ohne Wein
Keine Kreditkarten

Am Rande des Ortsteils Tovo, der seinen Namen vom Gestein der Gegend, dem Tuffstein, ableitet, verleiht das Land dieser einfachen und einladenden Trattoria den typischen Charakter. Der Eigentümer Aldo Bracco, überzeugter Interpret traditioneller ligurischer Rezepte, die eng mit der ländlichen Kultur verbunden sind, waltet mit Muße zwischen Töpfen und Pfannen. Es gibt im Teigmantel gebackenes Gemüse, gefüllte Kürbisblüten, Panzerotti di San Martino (nie weniger als 6 bis 7 Vorspeisen), hausgemachte Nudeln (Tagliatelle, Ravioli, Stracci alla Genovese) mit Pesto, Tomaten oder Pilzen, das so berühmte Kaninchen mit kleinen schwarzen Oliven, Lamm, Kutteln und, im Winter, sonntags Stockfisch. Reservierung wird empfohlen.

SLOW FOOD

Kommen Sie jetzt in den Genuß

Immer mehr Menschen erkennen, daß Essen und Trinken Teil unserer Kultur sind. Darum unterstützen immer mehr Menschen SLOW FOOD. Denn die internationale SLOW-FOOD-Bewegung setzt sich für die Achtung der Lebensrhythmen der Menschen und der Natur als Ursprung aller Nahrung ein; für die Verbreitung hochwertiger Lebensmittel, die naturnah mit sinnvollen Methoden erzeugt werden; für das Bewußtsein, daß jedes Land, jede Region und jede Jahreszeit eine Vielfalt von Nahrungsmitteln hervorbringen.

Darum machen bei SLOW FOOD alle mit: Produzenten und Händler, Winzer und Gastronomen, Verbände und Journalisten – und viele, viele private Genießer.

Mit der Anmeldung zur Bewegung SLOW FOOD International bekommen Sie automatisch Ihre Mitgliedskarte und ohne weitere Kosten die viermal im Jahr erscheinende Zeitschrift »Slow« zugeschickt. Die Mitgliedskarte gibt Ihnen die Möglichkeit, Rabatte und Vorteile, die unseren Mitgliedern exklusiv vorbehalten sind, weltweit zu nutzen. Außerdem werden Sie regelmäßig über SLOW-FOOD-Veranstaltungen in Ihrer Region informiert.

Ja, ich möchte in den Genuß kommen und werde Mitglied bei der Bewegung Slow Food International.

Name

Vorname

Firma

Straße

Postleitzahl/Ort

Land/Region

Telefon/Fax

Beruf

Datum/Unterschrift

Jahresbeitrag: DM 95,–, öS 650,–, sFr 120,–.
Die Mitgliedschaft gilt 1 Jahr. Sie kann danach jederzeit und ohne Angabe von Gründen gekündigt werden.

Zahlungsart:

- ☐ Überweisung auf das italienische Postscheckkonto von SLOW FOOD beim Ufficio postale di Bra (Cn) – sede N°. 23-31 Konto Nr. 17251125 (Überweisungsdurchschlag liegt bei)
- ☐ Visa / Master Card
- ☐ American Express
- ☐ Karten Nr.:

Ablaufdatum

Ort/Datum

Unterschrift

Bitte diesen Coupon kopieren und einfach in einen frankierten Umschlag stecken oder faxen an: SLOW FOOD INTERNATIONAL OFFICE, VIA DELLA MENDICITA ISTRUITA 14 I-12042 BRA (CN), TEL.: 0039 172 41 12 73, FAX 0039 172 42 12 93

COLORI® PROFUMI SAPORI

I FIORI E L'ALIMENTAZIONE MEDITERRANEA DELLA PROVINCIA DI IMPERIA

CAMERA DI COMMERCIO INDUSTRIA, ARTIGIANATO E AGRICOLTURA DI IMPERIA